विश्व रिकॉर्ड धारक
अंतरराष्ट्रीय साहित्यिक मंच
KB Writers
की प्रस्तुति

दिल की डायरी

साझा काव्य संग्रह

सम्पादक

कुमार सतीश, चन्दन केशरी

www.kbwriters.com

KB Writers

बाबुबाँक, झाझा, जिला - जमुई (बिहार) 811308

website :- www.kbwriters.com

email :- kbwritersofficial@gmail.com

Call :- 8873000900

चन्दन केशरी
संस्थापक एवं संपादक

कुन्दन केशरी
अध्यक्ष एवं संचालक

कुमार सतीश
संपादक

हमारी विशेषताएँ

- विश्व रिकॉर्ड धारक साहित्यिक मंच
- 47 से अधिक देशों से हमारे पाठक
- 10 से अधिक देशों से हमारे रचनाकार
- जुलाई 2020 से निरंतर कार्यरत
- विभिन्न पुस्तकें प्रकाशित

प्रकाशन वर्ष :- 2024

प्रस्तावना

प्रिय साथियों,

के० बी० राइटर्स अंतरराष्ट्रीय साहित्यिक मंच की पुस्तक "दिल की डायरी" आप सभी के सम्मुख प्रस्तुत है। इस पुस्तक में कुल 78 रचनाकारों की कुल 183 रचनाएँ सम्मिलित हैं। इस संग्रह के संपादक कुमार सतीश व चन्दन केशरी हैं।

इस पुस्तक में संकलित रचनाएँ समृद्ध, सुंदर और प्रेरणादायक हैं। पुस्तक में प्रकाशित सभी रचनाएँ प्रेम, प्रकृति, जीवन, समाज, धर्म, राष्ट्र आदि विविध विषयों पर लिखी गई हैं। सभी रचनाएँ अलग-अलग विषयों पर लिखी जाने के कारण यह पुस्तक आपको अवश्य पसंद आएगी।

"दिल की डायरी" पुस्तक एक साझा काव्य संग्रह है जो हर उम्र के पाठकों को अपनी ओर आकर्षित करती है। इस पुस्तक में विभिन्न प्रकार की भावनाओं का समावेश है।

हमें आशा है कि आप सभी इस पुस्तक को भी वैसा ही प्यार और आशीर्वाद प्रदान करेंगे जैसा हमारी अन्य पुस्तकों, त्रैमासिक पत्रिका एवं विशेषांकों को देते आए हैं। आपके बहुमूल्य व महत्वपूर्ण सुझावों एवं समीक्षाओं की हमें सर्वदा प्रतीक्षा रहेगी।

धन्यवाद

सम्पादकीय

सुधी पाठकों,
सप्रेम अभिवादन।

आप सबके सहयोग से प्रस्तुत है विश्व रिकॉर्ड धारक अंतरराष्ट्रीय साहित्यिक मंच के० बी० राइटर्स की अगली पुस्तक "दिल की डायरी"। हमें के० बी० राइटर्स समूह की 35वीं पुस्तक "दिल की डायरी" आपके हाथों में सौंपते हुए अपार हर्ष की अनुभूति हो रही है। इस पुस्तक को कुल 78 रचनाकारों ने अपने हृदय के उद्गारों की कुल 183 श्रेष्ठ रचनाओं से संजोया है, जिनमें उन्होंने जीवन के भिन्न-भिन्न पहलुओं को संवेदित करने का प्रयास किया है। प्रत्येक रचना सोदेश्यपूर्ण होने के साथ सामाजिक जिम्मेदारी से भी लबरेज है, साहित्यकारों के कंधों पर देश और समाज का दायित्व होता है जिसको निभाने में रचनाकार पूर्ण तन्मयता से जुटे हुए हैं। उनके इन्हीं विचारों को आप तक पहुँचाने का एक अथक प्रयास यह मंच कर रहा है। आशा है आपके अन्तर्मन को छूने में यह पुस्तक सफल होगी। आप सुधी पाठकों के प्रेम के बिना यह कार्य असंभव था।

इस पुस्तक को तैयार करने में विभिन्न प्रबुद्ध व्यक्तियों का साथ हमेशा बना रहा जिनकी अनवरत कड़ी मेहनत से इतने कम समय में यह पुस्तक आपके हाथों तक पहुँच रही है विशेष रूप से तकनीकी टीम। मैं आप सभी का हृदय से आभार व्यक्त करता हूँ।

आपके अनमोल सुझावों और विचारों का सदैव स्वागत रहेगा जिनकी ऊर्जा हमें निरंतर उत्साहपूर्वक कार्य करते रहने की प्रेरणा देती है।

पुनः आप सभी का हार्दिक आभार।

धन्यवाद

- कुमार सतीश

सम्पादक

सम्पादकीय

प्रिय पाठकों,

आपका अपना विश्व रिकॉर्ड धारक अंतरराष्ट्रीय साहित्यिक मंच के० बी० राइटर्स आज आप सभी पाठकों के सम्मुख इस साझा काव्य संग्रह "दिल की डायरी" के साथ सहर्ष उपस्थित है।

यह पुस्तक साहित्य के क्षेत्र में हमारी लिए एक यज्ञ की भांति है, जिसमें कुल 78 रचनाकारों ने आहुति दी है। प्रत्येक रचनाकार ने अपने दिल की बातों को रचना का रूप प्रदान कर आपके दिल तक पहुँचने का प्रयास किया है और यदि ये रचनाएँ आपके दिल तक पहुँचती है तो हमारी पुस्तक सफल होगी।

आपका सहयोग हमें साहित्य के क्षेत्र में कार्य करने हेतु प्रेरित करता है, आपका स्नेह सदैव हमारा हौसला बढ़ाता है एवं आपका आशीष हमें मंज़िल तक पहुँचाता है। इसलिए आपका अपना के० बी० राइटर्स अंतरराष्ट्रीय साहित्यिक मंच आप सभी पाठकों का आभारी है एवं आपसे इसी प्रकार के स्नेह, सहयोग एवं आशीष की अपेक्षा रखता है।

हमें आशा ही नहीं बल्कि पूर्ण विश्वास है कि यह पुस्तक भी आप सभी को अवश्य पसंद आएगी।

धन्यवाद

- चन्दन केशरी

सम्पादक

आभार

प्रिय साथियों,

किसी भी पुस्तक का प्रकाशन एवं सफलता बिना सबके सहयोग के संभव नहीं है। के० बी० राइटर्स अंतरराष्ट्रीय साहित्यिक मंच उन सभी विद्वान एवं कुशल रचनाकारों के प्रति हृदयतल से आभार व्यक्त करता है जिन्होंने अपने अनुपम एवं हृत्प्रिय रचनाओं से इस साझा काव्य संग्रह "दिल की डायरी" को दैदीप्यमान कर दिया।

हमारा मंच उन सभी सहयोगियों के प्रति भी अंतस से आभार व्यक्त करता है, जिन्होंने प्रत्यक्ष या परोक्ष रूप में इस साझा काव्य संग्रह के प्रकाशन में अपना अप्रतिम सहयोग प्रदान किया।

हमारा मंच उन सभी पाठकों का भी आभारी है जिन्होंने इस संग्रह का अवलोकन कर इसे हृदयस्थ कर आशीर्वाद दिया।

आगे भी हमारा मंच आप सबके सहयोग से एक से बढ़कर एक उत्कृष्ट काव्य / कहानी संग्रहों का प्रकाशन कर हिन्दी साहित्य के उत्थान में अपना शुचि योगदान प्रदान करता रहेगा।

पुनः आभार सभी का।

- कुन्दन केशरी

(अध्यक्ष एवं मंच संचालक)

के० बी० राइटर्स अंतरराष्ट्रीय साहित्यिक मंच

विषय सूची

वन्दे मातरम्

डॉ० कुमार वर्मा
(पता :- बाराबंकी,
उत्तर प्रदेश)

कितनी माओं की निशानी खून दे कर खो गई,
आज उनकी अमरता का नाम इस माटी में है।

हो गई माटी प्रदूषित उग रहे अँगार हैं,
आज मक्कारी भरा आक्रोश हर छाती में है।

भगत, बिस्मिल-औ अनगिन देश- हित कुरबाँ हुए,
उस तरह के आज जज़्बे अब न परिपाटी में हैं।

एक गुलामी डर गई थी सुन के वन्देमातरम् ,
जो रही खामोश हरदम बापू की एक लाठी में हैं।

चोर,तस्कर व मवाली,गुण्डे, किडनैपर, डकैत,
इनको पहचानोगे कैसे आज जब खादी में हैं ?

लोग जिनको ढूंढते हैं हर मदद के वास्ते,
सारे देवी- देवता संसद भवन दिल्ली में हैं।

कल कलम के कुछ सिपाही भर रहे थे जोश लिख,
उन लिखे नारों से ज्यादा भार इस स्याही में है।

प्राण ले कर चल पड़े जो देश हित में अग्रणी,
यह बहादुरपन का जज़्बा सिर्फ हिंदुस्तानी में है।

योग्यता के उच्चतम हरभाव को जिसमें पिरोया,
संविधानों में तराशी हर लिखी उस रोशनी में है।

पावस गीत

डॉ० कुमार वर्मा
(पता :- बाराबंकी,
उत्तर प्रदेश)

रिमझिम-रिमझिम ताक धिनाधिन बारिश आई रे।
रिमझिम- रिमझिम ताक धिनाधिन बारिश आई रे।

घुमड़-घुमड़ के बादल घूमे हवा सनासन नाचे।
कड़ -कड़, कड़- कड़ बादल गरजे बूंदे भरें कुलाचे।।
बिन साबुन के पेड़ नहाकर निज चेहरे चमकाई रे।
रिमझिम -रिमझिम ताक धिनाधिन बारिश आई रे।।

ताल -तलैया ता-ता थैया मछली खुश तो धरती खुश।
टर्र-टर्र की गीत गजलिका सुनकर कौन न होगा खुश।।
हर छोटे नाले-नाली ने कागज नाव चलाई रे।
रिमझिम-रिमझिम ताक धिनाधिन बारिश आई रे।।

कोयल की मीठी वाणी सुन आम हो गया मीठा।
पर कोयल का रँग देखकर जामुन का दिल रूठा।।
हरी धरा की हरियाली से हरे खेत मुस्काई रे।
रिमझिम-रिमझिम ताक धिनाधिन बारिश आई रे।।

हाथ थाम कर हर मेघों को हवा इशारे करती।
दिल को भाये हर बादल को आगोशों में भरती।।
प्रेम की मानों किस्त वसूली होती आना-पाई रे।
रिमझिम-रिमझिम ताक धिनाधिन बारिश आई रे।।

एक मेघ की ओढ़ चुनरिया चाँद शर्म से डूबा।
संगी-साथी तारे व्याकुल दर्शन दो महबूबा।।
लुकाछिपी का यही नजारा पड़ता आज दिखाई रे।
रिमझिम-रिमझिम ताक धिनाधिन बारिश आई रे।।

पेट फुलाकर नाले बहते करते आज ढिठाई रे।
गर्मी को छुट्टी देने की ठान गई पुरवाई रे।।
खेतों में फसलों की खातिर बारिश बनी मिठाई रे।
रिमझिम-रिमझिम ताक धिनाधिन बारिश आई रे।।

चना चबेना

हँस कर चना चबेना बोला
रोटी कह तू जिंदाबाद।
थाम तिरंगा नमक-मिर्च ने
बोला दिया सबको आजाद।

आँगन के सूखे बिरवे को
बन्दर ने पुरजोर हिलाया।
मेरी भी तो कोई सुन ले
सबको जैसे ध्यान दिलाया।

देश हुआ आजाद सुना तो
मेंढ़क भी मिल कर टर्राये।
हमें नहीं अब कोई डर है
अब हम सब काहे घबराये।

ननकौवा की छत पे कौवा
सुनके पहले मुँह बिचकाया।
काँवकाँव का भाषण देकर
फिर कौवे दो चार बुलाया।

ननकौवा की फटही धोती
उस की घर वाली धोती है।
धोती की ये दशा देख कर
हंसते अब पोता- पोती हैं।

कहने को आजाद हो गये
पर निर्धन तकता रोटी है।
कहते अब तेरा क्या होगा ?
फूट गई किस्मत खोटी है।

डॉ० कुमार वर्मा
(पता :- बाराबंकी, उत्तर प्रदेश)

मकड़ी है जयमाल बनाती
तेरे गेट की टटिया पर।
तेरी बकरी खुद हँसती है
तेरी टूटी खटिया पर।

टटिया-खटिया यूँ लड़ती हैं
जैसे सास-बहू का झगड़ा।
मेरी होली कब आएगी
पूछ रहा है फटहा कपड़ा।

चनाचबेना फिर भी खुश है
नहीं पालता कोई भरम।
आजादी के हर पर्वों पर
कहता है वन्देमातरम।

भारत दर्शन

डॉ० कुमार वर्मा
(पता :- बाराबंकी, उत्तर प्रदेश)

सच्चे भारत का दर्शन तो
खेत मेड़ में दिखता है।
पर गोबरे की एक कहानी
कौन आजकल लिखता है।

खुरपी, हल, कुदाल सब भूले
भूल गए हीरा मोती।
भूल गए नंगे पाँवों को
भूल गये फटही धोती।

लाठी लेकर हरी बेचारा
हड़ा-हड़ा दिनभर करता।
सौ दुश्मन हैं जिस किसान के
वह खेती पर है मरता।

भूल गए वो चना चबेना
भूल गए बटुली अदहन।
भूल गए चूल्हे की रोटी
भूल गए लकड़ी ईंधन।

चौपालों के चार जने कुल
गाँव की गाथा गाते थे।
तेरी बछिया कहाँ घूमती
गोबरे को समझाते थे।

मौसम वाली हर अँगड़ाई
वस्त्र बदल के गाता था।
सावन आया की हरियाली
तन-मन हरा बनाता था।

हरी साड़ियाँ, हरी चूड़ियाँ
हरी घास से मैच करें।
अमरबेल झाड़ी पर चढ़के
हर- हरी पत्तियां कैच करें।

चिड़ियों की चूँ चूँ की बोली,
सुबह गाँव को रोज जगाती।
हवा सुरीली खुशबू वाली,
खेत बाग़ की ओर बुलाती।

निरहू के टूटे छप्पर को,
सभी चढ़ाने आते हैं।
मिलकर सारा गाँव एक हो,
सब त्यौहार मनाते हैं।

शहरों वाला भागदौड़पन
गाँवों में कब दिखता है?
पर गोबरे की एक कहानी,
कौन आजकल लिखता है?

सच्चे भारत का दर्शन तो,
खेत-मेड में दिखता है।
पर गोबरे की एक कहानी,
कौन आजकल लिखता है?

स्त्री

डॉ० कुमार वर्मा
(पता :- बाराबंकी,
उत्तर प्रदेश)

जो समझे हर भावना जो समझे जज्बात।
जिसने घर-परिवार में बांटे सुख दिन-रात।।

जो कठिनाई में चुने सरल सफलता आज।
स्त्री नाम समाज में पूजे सभ्य समाज।।

दुनिया में अनमोल हैं रखे प्रेम की डोर।
परिवार को जोड़कर दूर करे कमजोर।।

दु:ख सहती कहती नहीं पीती आँसू धार।
वो लक्ष्मी की रूप है वो जीवन आधार।।

स्त्री-जीवन की गजल वह दोहे अनमोल।
स्त्री देती मधुरता पीती कडुआ घोल।।

आधी आबादी बनी है आधी किस ओर।
पर स्त्री सम्मान के नारे हैं पुरजोर।।

एक मंत्र है लाजमी सभी काश लें मान।
नारी के सम्मान बिन नहीं देश सम्मान।।

पुरखों की निशानी

नया घर मुबारक मगर मेरे मालिक,
बाप-दादों की बखरी को मत भूल जाना।
भले ईंट गिट्टी नहीं पास मेरे ,
मगर पूर्वजों की निशानी बचाना।

थी छ: गज की कोठरी, हँसी का खजाना,
गिरे वाले छप्पर का किस्सा पुराना,
बाप दादा की खटिया, कुंआ डोर लोटिया
नहीं बेच जाना, नहीं बेच जाना।

वो आँगन का बिरवा, वो पुरवा सुहानी
वो ताखे की ढिबरी, तेरा टिमटिमाना
वो चिड़ियों की चूँ चूँ, वो चकिया पुरानी
वो चूल्हे की रोटी, वो मिलकर के खाना।

वो छप्पर के कदुये का मीठा वो हलुआ,
वो मिट्टी से लथपथ, वो छोटा सा कलुआ
वो तुलसी का गमला, वो गैया की नादी,
हमें याद है सब, किंतु तूने भुला दी।

वो टूटा सा हल और खुरपी कुदाली।
वो चावल की खुशबू, वो आँगन की गाली।
एक टूटी सी चौखट, फूटा सा हुक्का,
तुम्हें ढूँढता है, तेरा तख्ती बुद्का।

छिपा के जो रखे वे खसरा खतौनी,
वो काजल की डिबिया, वो जेवर निशानी।
हैं तुझे ही बुलाते, कभी देख जाना,
वृद्धाश्रम का फार्म, वो अँगूठा निशानी।

डॉ० कुमार वर्मा
(पता :- बाराबंकी, उत्तर प्रदेश)

कोठरी रोई रोई सी कहती रहेगी,
सुनोगे नहीं आप बीती कहानी।
कोठरी रोई रोई सी सहती रहेगी,
वह तकती रहेगी पुरानी निशानी।

ग्राम- दर्शन

डॉ० कुमार वर्मा
(पता :- बाराबंकी,
उत्तर प्रदेश)

बैल पीठ पर बैठ के बगुला सारा खेत घूमता है।
भैंसों की गर्दन से कौवा उसके कान खींचता है।
जिसको ऐसे दृश्य देखना,आओ देखो मेरा गाँव।1।

शीशम के कंकाल खड़े हैं अब अक्सर पगडण्डी में।
एक नहीं अब धोती वाला, कोई नहीं मिलेंगे बंडी में।
खलिहानों की पाकड़ रोती है कहाँ से लाऊँ अब मैं छाँव।
जिसको ऐसे दृश्य देखना आओ देखो मेरा गाँव।2।

ताल-तलैया हुए भूमिगत अब प्रधान की कोठी में।
पानी पीने को मिलता है, कुंआ के बदले टोटी में।
चौपालें अब बदल गई हैं, बंद हो गई कौवा काँव।
जिसको ऐसे दृश्य देखना ,आओ देखो मेरा गाँव।3।

ननकौवा की छोटी बिटिया जब रोती चिल्लाती है।
तब पड़ोस से चिड़िया आ कर उसको चुप करवाती है।
सिवा गाँव के ये परिपाटी कहीं नहीं पाती उपजाव। आओ
देखो मेरा गाँव।4

दरवाजे पर नीम नहीं है,घर पर साबुन नीम है।
गायब दादा-दादी नुस्खे जो रखते दूर हकीम हैं।
जाने कैसी हवा चली है जाने इसका कौन उपाय?
आओ देखो मेरा गाँव।5

उन्हें नहीं है कोई चिंता घर में दाल न आटा है।
खुशियों वाला रहे मोबाइल,दो जीबी का डाटा है।
गूगल जब से सर्च कर लिए बदल गया उनका बर्ताव।
आओ देखो मेरा गाँव।6

सारे चूल्हे अब भूखे हैं लकड़ी आये और जले।

लकड़ी जब पुकार न सुनती तो प्यारे चूल्हे गये चले।
चूल्हों का दुख देखा जबसे,तब से ग़ायब हुए अलाव।
आओ देखो मेरा गाँव।7

पनघट और रहट के जैसा घर-घर से घूँघट गायब है।
जींस टॉप में सारे बालक बरमूडा प्रचलन में अब है।
शहर देख कर बदल गया है अब तो गांवों का पहनाव।
जिसको ऐसे दृश्य देखना,आओ देखो मेरा गाँव।8

पढ़ी-लिखी बिटिया से कहती,अब घरवाली खटिया है।
कर्लआन अब हमें मंगा दो,दसनी महा पुरनिया है।
संगी-साथी नहीं बचे अब,शुरू हुआ कितना बिखराव।
जिसको ऐसे दृश्य देखना,आओ देखो मेरा गाँव।9

कलुआ के दिन-रात कट रहे बिन छप्पर बिन कोठरी के।
छतरी की फरमाइश करती नखरे देखो बकरी के।
जिन गायों को पाला- पोसा,उनसे बचा न ज़रा लगाव।
जिसको ऐसे दृश्य देखना,आओ देखो मेरा गाँव।10

आँखें (नज़्म)

डॉ० कुमार वर्मा
(पता :- बाराबंकी,
उत्तर प्रदेश)

पहले प्यार जताती आँखें,
फिर कितना शर्माती आँखें।

पहले दिल की धड़कन गिनती,
किस्से तुरत सुनाती आँखें।

सारे राज़ छिपाकर देखो,
सारे राज सुनाती आँखें।

आँख अगर दो चार हुई तो,
अगर प्यार में आँख मिल गई,
नजरे सदा झुकाती आँखें।

आँखें लाल क्रोध की द्योतक,
गुस्सा बहुत बढ़ाती आँखें।

गले लगाकर मन से देखो,
शत्रुता-भाव मिटाती आँखें।

मीठी वाणी मधुर बोल के,
सब को अपुन बनाती आँखें।

रोती आँखें, हँसती आँखें,
आँसू मगर गिराती आँखें।

गम की मारी आँख कुमर की,
हँसती कभी रुलाती आँखें।

माँ लिख दूँ

डॉ० कुमार वर्मा
(पता :- बाराबंकी,
उत्तर प्रदेश)

लैला मजनूं के क़िस्सों को
किस शायर ने नहीं लिखा,
मैने आँसू रोक के सोचा,
मैं एक मौन-जुबाँ लिख दूँ।
पेटों खातिर जनता बिकती
और कुर्सी खातिर नेता,
कालम और कलम बिक जाएं,
कब, कैसे और क्या लिख दूँ?

गम में बहते हर आँसू की
होती कौन खता लिख दूँ।
कागज और कलम ले बैठे
सोचा एक कत्आ लिख दूँ।
कागज पर टपके दो आँसू,
सोचा अब मैं क्या लिख दूँ?
ममता बनकर फैल गये तो
सोच लिया मैं माँ लिख दूँ।

जिसने म से मदद पढ़ाया,
उसकी ममता क्या लिख दूँ?
जिसने हार कभी न सीखी,
उसकी क्षमता क्या लिख दूँ?
पूत सदैव सपूत बनाया,
अपनी चिंता कभी न की,
शब्द कहाँ से लाऊँ जिन से,
माँ को हिन्दुस्ताँ लिख दूँ।

टिप-टिप करती बूँदे

गणपत लाल उदय
(पता :- अजमेर, राजस्थान)

आसमान से बरस रहा है आज झमाझम पानी,
झूमो,नाचो,ख़ुशी मनाओ मिलकर दिल जानी।
टिप-टिप करती बूँदे लगती है सभी को सुहानी,
चलो सोनू,मोनू,टीना,बीना करे सभी मनमानी।।

जूता-चप्पल कोई न पहनो भागो दौड़ो सरपट,
उछल-कूद का आनन्द लो आओ सब झटपट।
बरस रहा है प्यार धनाधन आज इस धरती पर,
ला रही है पानी बदरिया काली-पीली नटखट।।

हरा भरा अब होगा आँगन,खेत और खलिहान,
नाच उठेगा मन-मयूरा बन ये पशु,पक्षी,इंसान।
अटूट नाता है बरसात का धरती माता के साथ,
मिट्टी भी सोना उगलेगी जय हो इन्द्र भगवान।।

बरसो इतना कि भर जाएँ सभी कुँए व तालाब,
सपने सारे सच हो सबके सोचा जिसने ख़्वाब।
पर्यावरण भी शुद्ध होगा काम में होगा विकास,
बनकर घूमें हम सभी जैसे आया कोई नवाब।।

पुरानी पेंशन योजना

गणपत लाल उदय
(पता :- अजमेर, राजस्थान)

सबसे बड़ा पर्व पैरामिलेट्री उस रोज़ ही मनाएगा,
पुरानी पेंशन लागू हमारी जब कर दिया जाएगा।
बहुत बड़ा मुद्दा बन गया है आज यह हमारे लिए,
सोचो समझो महामानवों अब जवानों के लिए।।

हालात हमारे कैसे भी रहे हमने झुकना न सीखा,
सर्दी-गर्मी तेज़ धूप में भी रुकना कभी न सीखा।
परंतु आज दर-दर की ठोकरें हम लोग खा रहे है,
इस वृद्धावस्था में हम-सब ये भीख माँग रहे है।।

सुकून ख़ुशी-भरा ज़ीने दो अब हमको भी जीवन,
बुढ़ापे का सहारा है पेंशन, न करो इसका दहन।
न बहलाओ,न फुसलाओ देकर बहाना नया-नया,
मुख छिपाकर रो रहे काँप रहा है हमारा जिया।।

ओपीएस लागू करके जलादो हमारे घर भी दीया,
सेवानिवृत्त कर्मचारियों पर कर दो आज ये दया।
हम सरकारी कर्मियों का होता है यह पेंशन ताज,
हमसे इसको न छीनों हम करते इस पर नाज़ ।।

करके बहाल हमें करदे निहाल केन्द्र की सरकार,
कई राज्यों में शुरु कर दिया है वहाँ की सरकार।
यह पुरानी-पेंशन है हमारा संवैधानिक अधिकार,
निवेदन कर रहे हिन्दुस्तानी आपसे ये बार-बार।।

नौ ग्रहों के स्वामी शनिदेव

गणपत लाल उदय
(पता :- अजमेर, राजस्थान)

नौ ग्रहों के स्वामी और न्यायाधीश आप कहलाते,
सूर्यनारायण पिता जिनके संध्या कहलाती माते।
इस हिन्दू धर्म में है जिनकी अनेक मौजूद कथाएँ,
शनि देव है नाम जिनका कलयुग देव कहलाते।।

ग़रीब चाहे हो अमीर सम्पूर्ण लोग जिनसे है डरते,
साँवला-रंग है उनका पर निष्पक्ष न्याय वो करते।
हथियार धनुष बाण एवं त्रिशूल हाथ में जो रखते,
रोगों से मुक्ति दिलाकर लंबी आयु प्रदान करते।।

अच्छे बुरे कर्मों का लेखा शनि देव के पास रहता,
ज्योतिष में जिनको भयानक ग्रह में माना जाता।
कठोर तप करके इन्होंने ये पद भोले से पाया था,
तब से नव ग्रहों में पृथ्वी पर इनको पूजा जाता।।

जिनके न होते अच्छे कर्म यह उन्हें परेशान करते,
जिन पे हो जाते मेहरबान उसे आनंदित कर देते।
शास्त्रानुसार 30 दिनों तक यह एक राशि में रहते,
जिन्हें देवता,दानव,गंधर्व, नाग सब प्राणी जपते।।

ब्रह्म-पुराण के अनुसार आप श्रीकृष्ण के भक्त थें,
चित्ररथ नाम की कन्या संग शादी आप रचाएँ थें।
तेल कोयले काले तिल उड़द जूतें इनको पसंद थें,
लोहे एवं स्टील धातु को शनिदेव ही अपनाएँ थें।।

महामाया कालिका

गणपत लाल उदय
(पता :- अजमेर, राजस्थान)

दु:ख-कष्टों को माँ काली तुरन्त दूर कर देती,
नौकरी व्यापार और धन समस्या मिटा देती।
सभी से है वह शक्तिशाली और प्रभावशाली,
किसी भी काम का वह शीघ्र परिणाम देती।।

जगदम्बे की महामाया भी कहते हैं जिसको,
लाल वस्त्र व लाल आसन भाते हैं जिसको।
सामान्य पूजन तंत्र पूजन से पूजते हैं इनको,
चुनरी नारियल हार पुष्प चढ़ाते हैं जिसको।।

वह चारों तरफ़ा मचाती हुई आती हाहाकार,
दौड़ी हुई आती चाहे हो भयानक अन्धकार।
करती धर्म की रक्षा पापी दैत्यों का सर्वनाश,
देवगण भी करतें है आपकी जय-जयकार।।

भैरवी चामुंडा चण्डी जगदम्बिका महाकाली,
भूत पिशाच नाशनि क्रान्ति काली कंकाली।
कालरात्रि श्मशान की देवी एवं खप्परवाली,
कामाख्या कालिका कादम्बिनी भद्रकाली।।

मैया दैत्यों के सर्वनाश हेतु आप धरा पधारी,
काल बनकर मण्डराई चण्ड-मुण्ड को मारी।
उस रक्तबीज का शीश आपने कलम किया,
तत्पश्चात शुंभ-निशुंभ पर पड़ी आप भारी।।

जब शान्त न हुआ माता का रूद्र वाला रूप,
तो भोलेनाथ को माँ के रस्ते में लेटना पड़ा।
जब पाँव लगा भोलेनाथ के मैया काली का,
तब जाकर प्रचंडता मैय्या की ये कम पड़ा।।

घिर-घिर बादल आए

रामेश्वर लाल महरड़ा 'सजग'
(पता :- सांभर लेक, राजस्थान)

घिर - घिर बादल आए श्याम घटा छाई।
रिमझिम बारिश सुहाना मौसम ले आई॥
पुरवाई मंद-मंद ठंडी ठंडी बयार ले आई।
नदियों में कल-कल छल-छल ले आई॥

दादुर मोर व पपीहा अपनी राग सुनाते।
जनजीवन को सुखद आनंद से भरते॥
पेड़ पौधे हरे-भरे सुहाने सपने से लगते।
जीवन को सुखमय आल्हादित कर देते॥

खेतों में हरियाली छाई ग्वाल-बाल हर्षाये।
पशु पक्षियों को हरी-भरी धरा खूब भाये॥
सावन की रिमझिम वर्षा सभी को सुहाये।
ठंडी ठंडी हवाएं जीवनदायिनी बन जायें॥

ताल-तलैया पोखर सब वर्षा से भर जाए।
सूखी धरा की बरसात से प्यास मिट जाए॥

सुनहरा बचपन

रामेश्वर लाल महरड़ा 'सजग'
(पता :- सांभर लेक,
राजस्थान)

सुनहरे बचपन को खेलों की थी याद अब तक,
बिताए थे जो दिन गांव और मिट्टी के धोरों में।
सावन बरसा करता रिमझिम रिमझिम धोरों में,
याद आया था मयूरों का नृत्य मिट्टी के धोरों में।

अचेतन मन की लहरों में लुप्त हो रही सब बातें,
हरे भरे खेत ताल - तलैया भरे हुए हमने देखे थे।
याद है अभी भी हम मोर पंख को इकट्ठा करते थे,
खेल - खेल में हम मोर मुकुट बना लिया करते थे।

कभी खेल-खेल में हम चोर सिपाही बन जाते थे,
यह कल्पना अब हर जगह देखने को मिल रही है।
चमन की खुशहाली में लुटेरे चोर कांटे बन खड़े हैं,
बचपन के खेल की यादें मस्तिष्क ताज़ा हो रही है।

बचपन के चित्र अचेतन चित्त - मन में रमते हुए,
मिट्टी के धोरों की आबो-हवा भी अब बदली हुई है।
शहरों की संस्कृति अब धीरे-धीरे दूषित होती हुई,
मति पंथ तज कर सु-मार्ग से कुपथ पर जा रही है।

मेरे पापा

मेरे पापा भाग्य विधाता, मेरी पहचान है।
दिव्य-व्योम, अनन्त-ज्ञान, ज्योति पूंज हैं॥

एक छोटे से शब्द "पिता" में समाई हैं !
मेरी जिंदगी में सारे जीवन की खुशियाँ।
पापा की बदौलत ही मेरा यह जीवन है,
पापा जीवन की खुशियों का खजाना हैं।

रामेश्वर लाल महरड़ा 'सजग'
(पता :- सांभर लेक, राजस्थान)

उनकी दुआओं से जिंदगी खुशहाल है,
मेरी जिंदगी उनकी वजह से आबाद है।
जीवन के दुःख- सुख में सच्चे दोस्त हैं,
आनी वाली बला को अपने सिर लेते हैं।

मेरे पापा एक अच्छे मार्गदर्शक होते हैं,
सही रास्ते पर चलने को प्रेरित करते हैं।
जिंदगी में जीने का सलीका सिखाते हैं,
हर मुश्किल में साथ निभाना जानते हैं।

ऊपर से सख्त होते, मन से कोमल होते हैं।
डांट पिलाते परंतु प्यार से पुचकारते भी हैं।
अच्छी बुरी बातों को अच्छे से समझाते हैं,
हमें हँसता हुआ देख अपना दुःख भूलते हैं।

दर्द की बरसात

रामेश्वर लाल महरड़ा 'सजग'
(पता :- सांभर लेक, राजस्थान)

दर्द की बरसात में हम तो अकेले ही थे,
दर्द था तन में पीड़ा थी मन में,
तब न जाने लोग अकेले छोड़कर कहाँ चले गए।
कोई जानने ना आया वह दर्द था कौन-सा ?
फिर भी अपने जीवन की दर्द में प्रेम भाव पलता रहा।
लोगों की भावनाएं शांत हो छुप गई,
धर्म मानव की पीड़ा हरे बस यही धारणा जिंदा रही।
मेरे अरमान मेरी तमन्ना तब यही रही,
आएंगे लोग अपने एक दिन दर्द के हाल पूछने यहीं ।
परंतु जीवन की ढलते पहर का,
वह तो एक सुंदर-सा सपना विश्वास ही था।
भावना ढलती रही धीरे-धीरे पीड़ा में,
कल्पना की दौलत धीरे-धीरे सब लुट गई।
मर्म का दर्द अश्कों में बहता रहा धीरे-धीरे,
देखते देखते रूह के अरमान दर्द में जलते रहे।
दर्द की हर चुभन से जगी चेतना,
जब चंचला लक्ष्मी नृत्य करती हुई घर आई थी,
दर्द मिटा खुशियों की बरसात हुई।
अब भीड़ उमड़ी थी लालच में लोगों की
कर्ण अप्रिय हो रही थी उनकी मधुर स्वर-मालिका।

पानी बिना सब सूना

रामेश्वर लाल महरड़ा 'सजग'
(पता :- सांभर लेक, राजस्थान)

पानी बिना सब सूना, पानी है उपहार।
पानी बचाना सबको, जीवन का आधार॥

जीवन का आधार, जल बिना सभी बेकार।
तुम जल संचय करो, जीवन जीने का सार॥

पोखर तालाब में, संग्रह करें हम पानी।
सचेत रहना हमें, अनमोल होता पानी॥

जल ही अमृत प्राण है, जल बिना जग सूना।
जल है तो जीवन रहे, जल का मोल जाना॥

जल का मोल जाना, इसे क्यों व्यर्थ बहाते।
जल बिन जीवन नहीं, क्यों मोल नहीं समझते॥

खुशी लौटे जग की, जन - जन बचायें पानी।
हरी - भरी धरा हो, वसुधा पर रहे पानी॥

सावन में माँ का आंगन

रामेश्वर लाल महरड़ा 'सजग'
(पता :- सांभर लेक, राजस्थान)

सावन में माँ का आंगन।
लगता है बहुत मनभावन॥
रिमझिम बरसता है सावन।
मन में मयूर नाचे मनभावन॥

सुहाना लगता माँ का आंगन।
याद आता रहता मां बचपन॥
छप्पर का वह सुहाना सफ़र।
मन को बहुत भाता बचपन॥

रिमझिम बरसता था सावन।
खेल-संसार था माँ का आंगन॥
जीवन का मधुर सपना सावन।
प्यारा लगता था माँ का आंगन॥

अमुआ पर डल जाते थे हिंडोले।
सखियों के संग बहुत झूला झूले॥
सावन में तीज त्यौहार लगते मेले।
माँ के आंगन में हम तो बहुत खेले॥

तुम और मैं

अच्युत उमर्जी
(पता :- पुणे, महाराष्ट्र)

अबोल तुम, अस्वस्थ मैं...
अक्षर तुम, शब्द मैं...
हृदय तुम, साँस मैं...
मादकता तुम, नजर मैं...
ओठ तुम, मिठा मैं...
प्राण तुम, देह मैं...
सामने तुम, खूश मैं...
साथ तुम, पूर्ण मैं...
रोम-रोम में तुम और मैं...!

जिंदगी

अच्युत उमर्जी
(पता :- पुणे, महाराष्ट्र)

जिंदगी पर एक किताब लिखना चाहता हूँ,
उसमें सारे हिसाब लिखना चाहता हूँ।

मेरे बदलाव के बारे में लिखना चाहता हूँ,
कुछ मेरे टूटे ख्वाब के बारे में लिखना चाहता हूँ।

कुछ मेरे हालात के बारे में लिखना चाहता हूँ,
उसी में सारी हकीकत लिखना चाहता हूँ।

जो कभी कह न पाया वो लिखना चाहता हूँ,
मेरे जज़्बात लिखना चाहता हूँ।

जिंदगी पर किताब लिखना चाहता हूँ,
उसमें सारे हिसाब लिखना चाहता हूँ।।

मित्रता

अच्युत उमर्जी
(पता :- पुणे, महाराष्ट्र)

अकेले मैं बोल सकता हूँ,
दोनों मिलकर बात कर सकते हैं।

अकेले मैं खुश रह सकता हूँ,
दोनों मिलकर जश्न मना सकते हैं।

अकेले मैं हँस सकता हूँ,
दोनों मिलकर खिलखिला सकते हैं।

यह है मित्रता की खासियत,
मिलकर हम दोनों खूबसूरत लम्हें,
निर्माण कर सकते हैं।।

साथ

अच्युत उमर्जी
(पता :- पुणे, महाराष्ट्र)

कोई 'गर आपसे मोहब्बत करता हो,
तो उसकी परवाह करनी चाहिए।

कोई 'गर आप पर विश्वास करता हो,
तो उस विश्वास को साबित करना चाहिए।

कोई 'गर आप पर बंधनें डालता हो,
तो उन बंधनों को स्वीकार करना चाहिए।

कोई 'गर आप पर हक जताता हो,
तो खुद को नसीब वाला समझना चाहिए।

कोई 'गर आप की फ़िक्र करता हो,
तो उसे उम्र भर साथ देना चाहिए।।

चाँद

अच्युत उमर्जी
(पता :- पुणे, महाराष्ट्र)

आसमान का चाँद तुम...
चाँद के इर्द-गिर्द तारे तुम...
तारों की चमक तुम...
हवा तुम...
ठंडी हवा तुम...।

पुरे आसमान में तुम...
मेरी भावनाओं में सिर्फ तुम...
संसार में तुम...
मेरे जीने का मकसद तुम...।।

मैं तुझसे प्रीत लगा बैठी

सुषमा सिंह "उर्मि"
(पता :- कानपुर, उत्तर प्रदेश)

मैं तुझसे प्रीत लगा बैठी,
यह मेरी समझ नहीं आया।
वंशी की धुन पर तुमने,
मुझको बहुत रिझाया।
मैं तुझसे नेह लगा बैठी !

पल-पल तेरी याद सताती,
सपनों में भी तू आया।
मैं दीवानी हो गई तेरी,
मुझको आज समझ आया।
मैं तुझसे लगन लगा बैठी !

ओ मन मोहन ! तेरे जैसा,
कोई नहीं इस दुनिया में।
तेरे ही रंग में रंग गई हूँ,
बलिहारी तेरे चरणों में।
मैं तेरी दासी बन बैठी !
मैं तुझसे प्रीत लगा बैठी !!

रिश्ते-नाते

भोला शरण प्रसाद
(पता :- नोएडा-150, उत्तर प्रदेश)

मालूम न था अभिशाप है बड़ा होना,
बहन से कितने दूर हो गए।
बचपन में कभी व्यस्त न था,
आज मिलने को मजबूर हो गए।
एक दिन भी न रह पाते थे अकेला,
आज सब अपनी जिंदगी में मसरूफ हो गए।
नए रिश्ते जुड़ते चले गए,
बचपन के रिश्ते दूर हो गए।
कभी रूठना मनाना रोज की बात थी,
गलत फहमी ने सबको दूर कर दिया।
रक्षा बंधन के दिन भी भाई-बहन दूर हो गए,
जिन्दगी न जाने कैसे सितम ढा गई,
खुशी कहाँ गई, कहाँ दफन हो गई।
खुदा की मेहरबानी का क्या कहना,
मोहब्बत लिखी सबकी तकदीर में,
मेरी दुआ न कबूल की,
जब बारी आई "भोला" की,
स्याही खत्म हो गई।

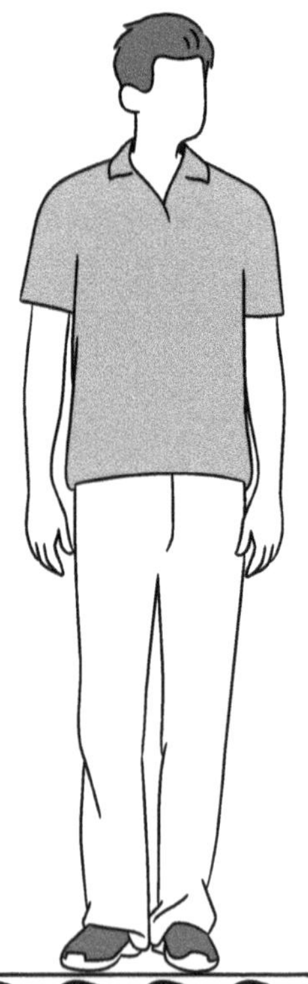

मेरे जीवन साथी

कंचनलता मनहर
(पता :- पथरिया, मुंगेली, छ.ग.)

ओ! मेरे जीवन साथी ,
तुम चलना मेरे संग-संग ,
देना न तुम धोखे ,
ज़िन्दगी की राहों में ।

जब तुम रूठो तो ,
मैं मनाऊँ तुझे ,
जब मैं रूठू तो ,
तुम मनाओ मुझे ।

दुनिया ये बहकाए ,
बहके न कदम ,
कर ले ये वादा ,
ओ! मेरे सनम ।

आओ! दोनो मिलकर ,
खाएँ ये कसम ,
मर के भी न टूटे ,
संग जनम-जनम ।।

भारतवर्ष महान

दुर्गा देवी "आशा किरण"
(पता :- पानीपत, हरियाणा)

मेरा भारत बहुत निराला,
निराली इसकी शान है।
देश धर्म पर मिटे हर कोई,
यही हमारी आन है।।

गंगा, यमुना, सरस्वती का संगम,
हर जगह तीर्थ स्थान है।
हिंदू, मुस्लिम, सिख, ईसाई,
सभी धर्म समान है।।

भाषा, बोली अलग-अलग चाहे,
हर कोई एक समान है।
अधिकार से पहले कर्तव्य समझे,
ऐसा मेरा हिन्दुस्तान है।।

दुश्मन हमको जब भी ललकारे,
लड़ना हमारी शान है।
लेकर तिरंगा चल पड़े हम,
तिरंगा हमारी शान है।।

जन्मभूमि ही कर्मभूमि मेरी,
इसपर जान कुर्बान है।
इसकी खातिर तन-मन वारे,
मेरा भारतवर्ष महान है।।

दिल की डायरी

प्रीति चौरसिया गुप्ता
(पता :- भोपाल, मध्य प्रदेश)

दिल की डायरी,दिलकश शायरी
कभी यह रूलाए, कभी यह हंसाए,
कभी यह नफरत दिखाए,
कभी किसी के लिए धक-धक कराए,
दिल की डायरी दिलकश शायरी,
कभी परिवार के करीब लाए,
कभी स्वार्थ और मजबूरी वश,
परिवार से दूर कराए,
बड़ा पावन है दिल का रिश्ता,
एक दूसरे को प्यार से सींचता,
दिल की डायरी दिलकश शायरी,
दिल की धक-धक जीने का आधार भी है,
यह प्यार ,नफरत, सत्कार, तिरस्कार भी है,
पर इस दिल में ज्यादा दबाव न बना कर रखिये,
हौले- हौले इसे प्रीत से सजा के रखिये,
तभी अपनी साँसे दीर्घायु होंगी,
दिल की डायरी फिर एक कहानी कहेगी,
फिर एक कहानी कहेगी।

दोस्ती

कोमल ठाकुर
(पता :- मोरनी हिल्स, हरियाणा)

दोस्ती है सबसे प्यारा रिश्ता,
इससे न कोई न्यारा रिश्ता।
रहते हैं लड़ते-झगड़ते,
फिर भी न हो प्यार कम।
हर कोई इसे निभा नहीं सकता।
दोस्ती है सबसे प्यारा रिश्ता,
इससे न कोई न्यारा रिश्ता ।।

रुठते भी हैं, मनाते भी हैं,
हँसते भी हैं, हँसाते भी हैं।
रोते भी हैं, रूलाते भी हैं,
फिर भी न हो प्यार कम।
दोस्ती हर कोई नहीं निभा सकता,
दोस्ती है सबसे प्यारा रिश्ता।
इससे न कोई न्यारा रिश्ता ।।

जिसमें साथ न हो, वो दोस्ती कैसी?
जिसमें याद न हो, वो दोस्ती कैसी?
रह न सके एक-दूजे के बिन,
सह न सके एक-दूसरे की पीड़ा।
दोस्ती के जैसा नहीं कोई रिश्ता,
दोस्ती है सबसे प्यारा रिश्ता।
इससे न कोई न्यारा रिश्ता।।

बचपन से हैं साथ हम,
खेले भी हैं साथ हम।
शरारतें भी सारी साथ की,
आदतें भी सब वही की वही।
जिंदगी में दोस्त हैं जैसे फरिश्ता,
दोस्ती है सबसे प्यारा रिश्ता।
इससे न कोई न्यारा रिश्ता।।

स्कूल में पहला दिन

रिया ठाकुर
(पता :- मोरनी हिल्स,
हरियाणा)

थी नई जगह वो मेरे लिए ,
था नया शहर वो मेरे लिए ।
थे नये लोग वो मेरे लिए,
थी नयी दुनिया वो मेरे लिए ।
जब गयी स्कूल पढ़ने के लिए ।।

ऐसी हालत थी कुछ मेरी,
न सखी-सहेली थी मेरी।
मैं अकेली छोटी-सी गुड़िया,
थे सब अनजान सब मेरे लिये।
जब गई स्कूल पढ़ने के लिये ।।

मम्मी-पापा की याद रुलाये,
घर के खेल घर बुलायें।
मम्मी का प्यार दिल बहलाये,
पापा की प्रेम खुशी दिलाये ।
रह गयी ये बनकर यादें, मेरे लिए ।
जब गयी स्कूल पढ़ने के लिये ।।

थी पढ़ने में एकदम ढीली,
देखती रहती बस गली-गली ।
मन न करे पढ़ने के लिए ,
कब आएँ पापा लेने के लिये ?
जब गयी स्कूल पढ़ने के लिये ।।

याद आता है वो पहला दिन,
कैसे बिताया घरवालों के बिन।
देखती रहती खिड़की की ओर ,
रोती बस घर जाने के लिये ।
जब गई स्कूल पढ़ने के लिये ।।

उमड़ घुमड़कर बदरा आए

कनिका ठाकुर
(पता :- मोरनी हिल्स,
हरियाणा)

उमड़ घुमड़कर बदरा आए,
बारिश में हमने गाने गाए,
बारिश का मौसम है बड़ा सुहाना,
इसमें हम बहुत नहाए।

उमड़-घुमड़कर बदरा आए,
साथ सारे त्योहार लाए,
जब सावन का महीना आए,
मन हमारा पावन हो जाए।

छम-छम करती बारिश आए,
मोर भी इसमें नाचे-गाए,
जब-जब बारिश आए..
नदियाँ भी पानी से भर जाए।

बारिश का मौसम आए,
ढ़ेर सारे पकवान भी बनाए,
मम्मी ने चटपटे पकोड़े बनाए,
और हमने खूब खाए ।

सावन का महीना आया,
शिव-शम्भू को संग लाया,
हरिद्वार में काँवड़ियों ने,
बम-बम का है शोर मचाया।

सावन

कनिका ठाकुर
(पता :- मोरनी हिल्स,
हरियाणा)

ठंडी- ठंडी फुहार पड़े,
झूल डली सावन की ।

ठंडी-ठंडी फुहार पड़े,
झूल डली सावन की।
शिव संग झूले गोरा माई,
चारों ओर खुशियाँ छाई ।

सावन का महीना आए,
संग तीज का त्योहार लाए ।
तीज का जब त्योहार आए,
चारों ओर हरियाली छा जाए।

तीज का जब त्योहार आए,
हाथों पर मेहंदी सज जाए।
मायके से बेटी के लिए,
मीठी-मीठी कोथली आए ।

सावन का जब महीना आए,
तीज का कीड़ा उत्पन हो जाए ।
ढ़ेर सारे पकवान भी बनाए,
बैठकर हमने खूब खाए ।

सिखाया

पलक शर्मा
(पता :- मोरनी हिल्स, हरियाणा)

जन्म से लेकर अंत तक, होता सर पर हाथ।
उंगली पकड़ कर चलना सिखाया,
लगी ठोकर तो गिरने से बचाया ।
अगला कदम रखना सिखाया,
लगा कभी डर तो लड़ना सिखाया ।
गलती में माफी माँगना सिखाया,
रोते देखा तो हँसना सिखाया,
हुए हताश तो संयम सिखाया,
खुद से पहले परहित सिखाया,
उन्होंने खुद जलकर हमें रोशन किया,
न कभी अहसान जताया ।
कैसे उतारूँ मैं तुम्हारा अहसान,
मर जाऊँ तो भी न उतार पाऊँ,
सोचती हूँ, कभी तुम्हारा हाथ सर पर न हुआ !
माँ-पापा क्या हूँ मैं तुम्हारे बिना ?
क्या वजूद है मेरा तुम्हारे बिना ?
कैसे उतारूँ कर्ज तुम्हारा ?
कैसे उतारूँ कर्ज तुम्हारा ?

हरियाली

बृजेश सिंह
(पता :- मोरनी हिल्स, हरियाणा)

मन को मोहने वाली,
विश्व जीवनदायिनी,
होती है हरियाली ।

देख रहा हूँ इस जग को,
न जाने क्या हो रहा ? ,
दिन-प्रतिदिन पेड़-पौधों को
नुकसान बहुत हो रहा।
एक दिन ऐसा आएगा,
मनुष्य तू रोयेगा ।

हरे-भरे लहलहाते हैं,
खेत -खलियान, क्यारी,
चिड़ियाँ अब चहचहाती हैं,
मन को खूब लुभाती हैं,
जब नहीं दिखेंगे ये सब
मनुष्य तब तू तरसेगा ?

कितने खूबसूरत फूल-बगिया ,
मन को बहुत भाते हैं,
मुस्कान इनकी ऐसी कि
सबको ये लुभाते हैं,
जब नहीं होंगे ये सब
कैसे इनको देखेगा ?

देख-देख हरियाली को
जग कितना सुंदर लगता,
दृश्य मोहक देख-देख
मन जोगी-सा रमता,
जब नहीं दिखेगी हरियाली,
कैसे तड़पेगा तू इंसान ?

रोगों से देती मुक्ति
खुश होती सारी जगती,
ढांचा सारा बदल दिया
तभी तो वर्षा न होती,
होती तो बाढ़ आती
हो रही हरियाली की लुप्ति ।

मेरी राज़दार

मीना सूरी
(पता :- पंचकूला, हरियाणा)

कभी दोस्त,
तो कभी हमसफ़र जैसी,
अपनाती है हर हाल में।
तू मुझे,
चाहे हूँ मैं कैसी ।।

मेरे आँसुओ को,
शब्द देकर,
कभी तूने सहलाया।
कभी पुराने लम्हें
याद कराके,
रोती को है हँसाया ।।

जब भी
मैंने,
अपनी
अटपटी-सी,
ख्वाहिशों....
का तुमसे है ज़िक्र किया।
तूने माँ जैसे मेरी हर कमी को
है पल्लू में ओट लिया ।।

हर रोज़ तेरे सीने पे
लिखती हूँ,
कुछ पूरे ,
कुछ अधूरे से ख्वाब।
और बिना कोई सवाल किये।
तू जमा कर लेती है,
मेरे सब क़ीमती राज़।।

जानती हूँ, तू है तो
महफ़ूज़ है,
मेरी हर बेमुकम्मल
शायरी।
मेरे दिल के क़रीब,
मुझे सबसे अज़ीज़
मेरे दिल की डायरी ।।

जो कभी मैं हमसफ़र के लिए लिखूं

मीना सूरी
(पता :- पंचकूला, हरियाणा)

ख़ुद को मज़ार,
और तुझको अपना
पीर लिखूं।
जो दे इजाज़त
रब मुझे,
हर जन्म में
तुझे अपनी
तक़दीर लिखूं।

तोड़ ना सके
कोई शह जिसे,
अपने रिश्ते को
वो ज़ंजीर लिखूं।
मिल जाए जो
स्याही अमिट-सी,
अपने हाथ में
हर जन्म के लिए
तेरी लकीर लिखूं।

लोग सदियों तक
मिसाल दें जिसकी,
उस रिश्ते में
तुझको रांझा
और ख़ुद को तेरी
हीर लिखूं।
जो दे इजाज़त
रब मुझे,
हर जन्म में
तुझे अपनी
तक़दीर लिखूं।।

बादल

मयंक शर्मा
(पता :- मोरनी हिल्स,
हरियाणा)

बादल आए, बादल आए,
साथ अपने बारिश ले आए।
बच्चों को पानी में नहलाए,
बादल सब लोगों को नचाए।
बादल आए, बादल आए।।

बादल आए, बादल आए,
फसलें झूम-झूम लहराएं।
लोग घरों में पकवान बनाएं,
इसकी खुशबू सबको महकाए।
बच्चे नये हैं पकवान खायें।
बादल आए,बादल आए ।।

बादल आए, बादल आए,
पौधों को भी रोज नहलाएं।
चारों ओर हरियाली लाएं,
गर्मी से सब तंग हो जाएं,
बादल आकर गर्मी को भगाएं ।
बादल आए, बादल आए ।।

बादल आए,बादल आए,
लोगों में एक उम्मीद जगाएं।
बादल बरसना बंद जब हो जाएं,
सब खेतों में हल जुत जाएं।
बादल आए,बादल आए।।

बादल आए,बादल आए,
बादल एक-दूसरे से टकराएं ।
जब बिजली कड़कती आए,
तब बच्चों को बादल डराए।

उमड़- घुमड़कर बादल आए।
अपने साथ बारिश ले आए।।

सूर्योदय

प्रियांशु
(पता :- मोरनी हिल्स, हरियाणा)

देखो-देखो हुआ सूर्योदय,
गद-गद हुआ सबका हृदय।
सूर्य की माया, है कुछ ऐसी,
धरती बना दी स्वर्ग जैसी।।

सूर्य, संग अपने रोशनी लाया,
डाल-डाल को है चमकाया।
हर फूल को महकाया,
है सब सूर्य की ही माया।।

शुरू हुआ चिड़ियों का चहकना,
घर-घर हो रहा खाना-खिलाना।
सबको जल्दी काम पर जाना,
क्योंकि सूर्य का हुआ है आना।।

अंधेरे को भगाया है दूर,
लाया है अपने संग नूर।
है तो हमसे काफी दूर।
फिर भी मदद करे भरपूर।।

नशा

प्रियांशु
(पता :- मोरनी हिल्स,
हरियाणा)

बदला-बदला सा है मिजाज,
नशे में डूबा है ये समाज।
नशा बनाता है सबको कर्जदार,
फिर भी सेवन करता क्यों लगातार ?

पैसे दो जो तू कमाता है,
नशे में ही उन्हें उड़ाता है।
घरवालों को खूब सताता है,
पाई-पाई का मोहताज उन्हें बनाता है।।

नशे कर-करके,
तूने अपना जीवन नर्क बनाया है।
कुछ तो पीकर सब भूल गया,
घर वालों का रोम-रोम सताया है।।

शराब पीकर तुझे,
होश न खुद कभी रहती है।
घर पर पत्नी हर रोज,
मार भी तेरी सहती है।।

दारू भी तो तुझे रोज महँगी पीनी है,
दिखावा अमीरी का जो है करना।
घर पर बीवी,बच्चे चाहे भूखे सोए हैं,
ऐसे जीवन जीने से तो,भला मर जाना भी अच्छा है।।

छोड़ दे इसे करके विचार,
दुतकार खाता फिरेगा।
अभी भी समय है,
शायद! ये मौका दोबारा न मिलेगा।
शायद ! ये मौका दोबारा न मिलेगा।।
दोबारा न मिलेगा।।

मुखड़ो दिखाजा,,, एक बार

तुलसीराम 'राजस्थानी'
(पता :- नावां सिटी, राजस्थान)

तेरी सजनी करे है पुकार, ओ साजना,
मुखड़ो दिखाजा,,, एक बार।

संग की सहेल्यां, मौज मनावें,
बैठ पिया संग, रास रचावें।
मैं तो तरस-तरस गई हार, ओ साजना,
मुखड़ो दिखाजा,,, एक बार।

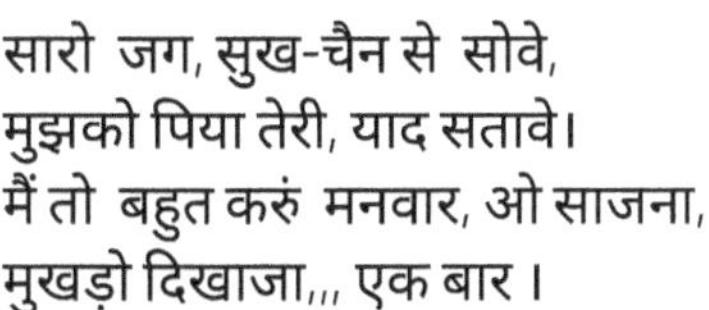

सारो जग, सुख-चैन से सोवे,
मुझको पिया तेरी, याद सतावे।
मैं तो बहुत करुं मनवार, ओ साजना,
मुखड़ो दिखाजा,,, एक बार ।

तेरे कारण मैं तो, हुई रे पराई,
लाखां ने छोड़ तुझसे, प्रीत लगाई।
अब काहे दियो बिसराय, ओ साजना,
मुखड़ो दिखाजा,,, एक बार।

दुनियां बातें, बहुत बनावें,
कालजया में, तीर चलावे,
नैना बरसे आंसुओं की धार, ओ साजना,
मुखड़ो दिखाजा,,, एक बार।

पास मेरे आ जाओ

स्व० प्रेमशीला विजय प्रताप
कुशवाहा "संगम"
(पता :- कुशीनगर, उत्तर प्रदेश)

अनुनय विनय करूँ मैं तुमसे,
पास मेरे आ जाओ।
गलतफहमी को दूर कर,
एक बार गले लग जाओ।।

कोई शिकवा शिकायत हो मुझसे,
तुम एक बार मुझे भी बताओ।
दूसरों का कहा कम सुनो तुम,
अपना दिमाग भी कुछ लगाओ।।

दुनिया की है रीत ऐसी,
दूसरों की खुशी नहीं देखी जाती।
दूसरा कोई बनना चाहा उदाहरण,
उसको जड़ से है मिटाती।

अपना प्यार दिया और बाती,
उस पर कौन है पानी टपकाता।
बच के रहना ऐसे झंझावातों से,
जो बगिया को है जड़ से सुखाता।।

तुम्हीं राहत, तुम्हीं दुख-दर्द

समीउल्लाह खान
(पता :- खम्मम्, तेलंगाना)

इक तरफ जिम्मेदारी,
इक तरफ आजमाइश।
इक तरफ ख्वाहिश ,
बेचैनी, बे करारी की कश्मकश ।
इंतजार है कि हो अल्लाह की नवाजिश ।
कैसे पूरी होगी फरमाइश?
कब होगी हम पर अल्लाह की बख़्शिश?
तुम ही मेरी राहत, तुम्हीं मेरा दुःख-दर्द!
जरा मुझ पर तुम कब होगी हम दर्द?

महकते रहते हैं तेरे ख्याल मेरे मन में,
हमेशा मेरी चाहत में,
ये अंतर्मन को बहुत खूब समझाया मैंने,
पर ये दिल न माना।
दिन तो गुजर जाते हैं आपकी यादों में,
पर करवटें बदलते बदलते,
कैसे बीतेगी ये रातें सुहानी?
तुम्ही मेरी राहत, तुम्हीं मेरा दुख-दर्द !
जरा मुझ पर तुम कब होगी हम दर्द?

फिर एक निर्भया

समीउल्लाह खान
(पता :- खम्मम्, तेलंगाना)

मैं अभी दिशा और निर्भया को भूली नहीं हूँ।
मैं एक रणचंडी हूँ।
मुझे भारत के बेटियों पर नाज़ है,
यंत्र नार्यस्तु पूज्यंते, रमंते तत्र देवता।
ऐसे महान और पुण्य भूमि में,
भारत की लाडली सुकन्या की,
इज्ज़त को कपूत दरिंदों ने लूट लिया।
और शरीर नोच-नोचकर जर्जरित किया।
क्या उनकी कोई मां,बेटी,बहन,पत्नी नहीं है?
क्या वह ऐसी दरिंदगी अपने माँ-बेटियों के साथ करेगा?
मैं मौमिता हूँ।
दरिंदों ने मुझे फिर एक निर्भया बनाया है।
मैं अब एक निर्भया नहीं हूँ।
मैं एक रणचंडी हूँ।
महिला मूर्तियों की सदिशा हूँ।
अब मैं मौन रह कर ही दरिंदों का खेल खत्म कर दूंगी।
मेरा मौन ही तुम्हारा मरणासन लिखेगा।
मेरे मौत से ही तुम्हारे भी जनाजे निकलेंगे।
मैं अकेली नहीं हूँ।
मेरे पीछे महिला मूर्तियों की सेना है।
अब तुम जैसे दरिंदे कितने सतर्क होने पर भी,
मौमिता जान से नहीं छोडेगी।
ये मृग राक्षसों को सूली पर,
लटकाने के दिन अब दूर नहीं है।
सारे देश में इन दरिंदो को,
लटकाने टिक-टिकी लगेगी।
खुले आम बेटियों पर बलात्कार करने वाले,
दरिंदे सूली के खंबे पर लटकाये जायेंगे।
तब कहीं इस महान देश में,
और एक निर्भया नहीं बनेगी।
सब की सब बेटियाँ रणचंडी बनेगी।

सावन बीता जा रहा है

समीउल्लाह खान
(पता :- खम्मम्, तेलंगाना)

सावन आये, सावन आये,
मन भावन सावन फिर फिर आये प्यार के जुनून में।
झम-झम, झम-झम बरसते बदली सावन के,
टिप टिप गिरती बूंदें तरुओं के पत्तियों से छन के।

मेरे प्रीत का मन उछल-कूदकर कलरव करे,
झम-झम बरसते बदली को देख कर।
सावन बीता जा रहा है,
सजनी के मन का शृंगार नहीं हो रहा है।

मेरे प्रीत का बंधन, प्यार का ईंधन बन रहा है,
मन में प्यार का हवन हो रहा है, सावन बीता जा रहा है।
सजनी के मन में प्यार का शमा नहीं जल रहा है।
ये सावन का बंधन है, प्यार का ईंधन है।

बिजली बदली के हृदय में चम-चम चमक रही है,
फिर भी दिन के तम में सजनी के मन में,
प्यार के सपने नहीं जग रहे हैं।
सावन के बंधन में, प्यार का ईंधन बन कर,
इंतजार में साजन का मन!
इंतजार करते करते सजनी का,
साजन के मन में प्यार का हवन हो रहा है।

सावन बीता जा रहा है फिर भी सजनी के मन में,
प्यार का शमा नहीं जल रहा है।

फिर फिर आए, फिर फिर आए,
मन भावन सावन प्यार के जीवन में ।

फिर फिर आए, फिर फिर आए,
फिर फिर आए, फिर फिर आए,
मन भावन सावन, प्यार के बंधन में।

हम हुए रे आजाद

समीउल्लाह खान
(पता :- खम्मम्, तेलंगाना)

मिली रे आजादी,
हम हुए रे कब आजाद?
महकते रहे थे मेरे मन में आजादी के अरमान,
आजादी के सपने में सब के साथ मेरा भी हो विकास।
इक तरफ़ जिम्मेदारी, इक तरफ ख्वाहिश।
बेचैनी, बेकरारी की कश्मकश।
इंतजार है कि हम पर होगी,
कब हुक्मरानों की नवाज़िश?
कैसे पूरी होगी हमारी फरमाइश?
सब के साथ हम भी हुए रे आजाद!
सब के विकास के नाम पर,
हमारा हो रहा है रे बर्बाद!
क्या तेरे खून और तेरे बुजुर्गों के,
कुर्बानियों के बिना क्या भारत हुआ है रे आजाद?
मिली रे आजादी,हम कब हुए रे आजाद?

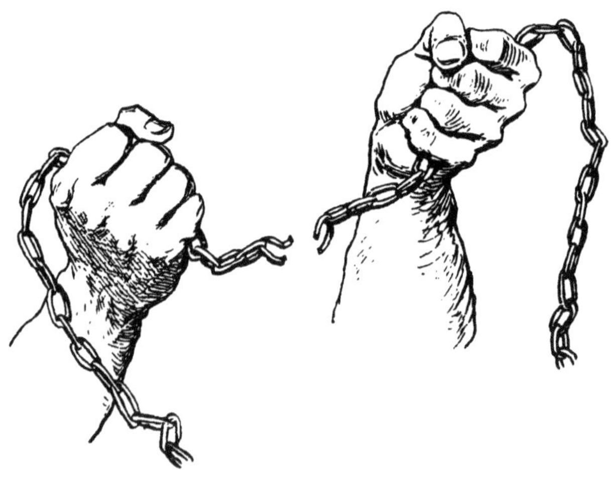

ज्ञान की मूरत : शिक्षिका

आकांक्षा अग्रवाल
(पता :- शालीमार बाग, दिल्ली)

ज्ञान की मूरत, स्नेह की सरिता,
तुम हो जीवन की शिक्षिका ।
हर बच्चे का जीवन सँवारती ,
तुम उनका भविष्य हो बनाती ।
कक्षाओं में गूँजती आवाज़,
सिखाती जीवन के गहरे राज़ ।
तुम हो पथ-प्रदर्शक उस यात्रा की ,
जो मशाल जलाए रोशनी की।
तुम्हारे सान्निध्य में खिलते हैं अनगिनत फूल,
हर विद्यार्थी के सपनों का हो तुम मूल ।
हर सुबह तुम्हारी मुस्कान में,
छुपा होता है ज्ञान का सागर।
तुम हो वो दीपक, जो जलता है निरंतर,
दिखाती हो रास्ता अंधेरों में,
तुम हो वो धारा, जो बहती है सतत,
सिखाती हो सबको अपने हौसलों में।
शिक्षिका, तुम हो स्नेह की मूरत,
तुम्हारी छाँव में हर बच्चा पाता है सहारा,
तुम्हारी शिक्षा से सँवरा है बिखरा जीवन हमारा,
तुम्हें जाता हमारी हर सफलता का श्रेय सारा

ज्ञान की ज्योति जलाने वाली
शिक्षिका तुम महान हो,
संस्कारों के दीप जलाकर,
बनाती जीवन आसान हो।
शब्दों में गढ़ती भविष्य का स्वरूप,
सपनों को देती आकार,
तुम हो उस कुम्हार की तरह,
जो गढ़ता है जीवन हर बार।
तुमसे ही तो सीखा हमने,
जीवन का असली अर्थ,
तुम ही हो प्रेरणा, तुम ही हो प्रेरक,
तुम ही हो हर सफलता का आधार।
शिक्षका, तुम हो वो प्रकाश,
जो कभी नहीं मुरझाए,
तुम्हारी छाँव में हर विद्यार्थी,
नए सपनों की राह पाए।
तुम्हें है कोटि -कोटि धन्यवाद,
मेरे जीवन को किया आबाद ।

बचपन की यादें

आकांक्षा अग्रवाल
(पता :- शालीमार बाग, दिल्ली)

छोटे-छोटे कदमों से,
चलते थे हम बेफ़िक्र ।
हँसी के ठहाके,मीठी बातें,
खेलों में बीते दिन सारे ।

नन्हे हाथों में सपनों का संसार,
छोटी-छोटी खुशियाँ अपार ।
मिट्टी के घरौंदे बनाते थे,
उमंगों में रंग भरते थे ।

चाँद -सितारों की बातें करते,
खुली आँखों से सपने बुनते ।
माँ की गोद में चैन पाते,
हर दुख -तकलीफ़ भूल जाते ।

न फ़िक्र थी कल की,
न चिंता थी वक्त की,
हँसते-खेलते, मस्ती में,
बीत जाते थे दिन सारे।

मिट्टी में खेलते,
बातें थीं भोली-भाली,
खुशियों के छोटे-छोटे पल,
थे जीवन की वो दिवाली।

आज भी वो दिन याद आते हैं,
बचपन की वो मीठी बातें,

कहाँ गए वो दिन कहाँ गई वो मस्ती,
जाने क्यों इतनी जल्दी उम्र गई ढलती।

आज भी दिल बस यही कहता,
काश! वो बचपन फिर से लौट आता।

मोबाइल का चक्कर

राजवंती देवी
(पता :- पंचकूला, हरियाणा)

हम हरि भजन भी भूल गये,
मोबाइल तेरे चक्कर में।
दिनचर्या सारी बदल गयी,
मोबाइल तेरे चक्कर में।
पौष्टिक खाना छोड़ दिया,
पिज्जा-बर्गर खा रहे,
नहाना तक छोड़ दिया,
मोबाइल तेरे चक्कर में।
बच्चे जिद्दी हो गये,
भले खाना आगे रखा रहे,
कार्टून बस चलता रहे,
लाड-प्यार तक खो गया,
मोबाइल तेरे चक्कर में।
रिश्तेदारी भी सिमट गयी,
आना-जाना सब भूल गये,
फोन में दुनिया नयी बनी,
मोबाइल तेरे चक्कर में।
एक लिंक पर गलती से,
उंगली जरा-सी छू गयी,
पल में खाता खाली हुआ,
मोबाइल तेरे चक्कर में।
ऑनलाइन अब शॉपिंग हुई,
घर का बजट बिगाड़ दिया,
मुखिया से छुपा-छुपी में,
रिश्तेदारों के पार्सल पहुँच रहे,
मोबाइल तेरे चक्कर में।
आँखों पर असर पड़ा बहुत,
ड्राईनेस का रोग बढ़ रहा,
आँखें भले सूजी रहें,
नशा स्क्रीन का चढ़ रहा,
मोबाइल तेरे चक्कर में।
देर रात तक जागते हैं,
ख्याल रहा न सेहत का,
दिनचढ़े फिर उठते हैं,
अलसाये दिनभर रहते हैं,
मोबाइल तेरे चक्कर में।
चरित्र-हनन नित हो रहा,
बढ़ते झगड़े परिवारों में,
निजता भंग न हो मेरी,
भले रिश्तों में दूरी बढ़ती रहे,
मोबाइल तेरे चक्कर में।
हम समय बिता रहे गुगल पर,
चिट्ठी तक लिखनी भूल गये,
छोट-बड़े का भेद मिटा अब,
संस्कार सब भूल गये,
गोरैया तक लुप्त हुई,
मोबाइल तेरे चक्कर में।
हम हरि भजन भी भूल गये,
मोबाइल तेरे चक्कर में।
दिनचर्या सारी बदल गयी,
मोबाइल तेरे चक्कर में।

पंचतत्व

राजवंती देवी
(पता :- पंचकूला, हरियाणा)

पंचतत्वों का सार शरीर ।
जुड़कर सब बना अमीर ।।

पृथ्वी, जल,वायु, अग्नि और आकाश ।
पाँच तत्व जीवन का आधार ।।

पृथ्वी पर मनुज जन्म लिया है ।
कर्ज धरती का तूने लिया है ।।

पल-पल बढ़कर बड़ा हुआ है ।
खाना-पानी सब तुझे दिया है ।।

जल बिन सूना घर-संसार ।
जल है जीवन का आधार ।।

जल बिन सूने ताल-तलैया ।
दो-दो बूँद बचा लो रे भैया ।।

वायु के बिन साँस नहीं ।
साँस नहीं तो आस नहीं ।।

प्राण-वायु रहे ना तब ।
शरीर से आत्मा निकले जब ।।

आकाश हिम्मत देता है ।
ऊँचा होना सिखाता है ।।

आकाश बिन सब निराधार ।
सब जीवों का मूलाधार ।।

अग्नि करती शुद्ध जहान ।
जन्म-मृत्यु की पहचान ।।

चाँदनी रातों की बातें

अनन्तराम चौबे अनन्त
(पता :- जबलपुर, मध्य प्रदेश)

चाँदनी रातों की बातें ,
जब किसी से होती है ।
लगता है चाँद ठहर जाए ,
दिल की बातें जो होती है ।।

चाँदनी रात में ,
महबूब के साथ में ।
मौसम सुहाना हो ,
प्यार की बरसात हो ।।

चाँदनी रात हो ,
झिलमिलाता जहान हो ।
चमकते तारों का सुन्दर ,
सुहाना आसमान हो ।।

हुस्न की बरसात हो ,
ओंठो में प्यास हो ।
आँखो में नशा हो ,
बस हसीन रात हो ।।

चाँद की रोशनी से ,
दूधिया बरसात हो ।
चमकते तारों की ,
चाँदनी रात हो ।।

टिमटिमाती रात में ,
महबूबा का साथ हो ।
सिमटते सपने की ,
सुहानी ये रात हो ।।

बिखरी-सी जुल्फें ,
घूंघट-सी लगती है ।
चेहरे को अपने ,
छुपाए जो रखती हैं ।।

सुहाना ये मौसम ,
मन को ललचाए ।
दोनों का आपस में ,
दिल धड़क जाए ।।

चाँदनी रात में ,
मन मचल जाए ।
रात का सुहाना ये ,
वक्त थम जाए ।।

चाँदनी रातों की बातें ,
जब किसी से होती है ।
लगता है चाँद ठहर जाए ,
दिल की बातें जो होती है ।।

शिक्षक-महिमा

बबीता कुमारी
(पता :- पांडेश्वर, पश्चिम बंगाल)

गुरुवर तेरे चरणों में,
नतमस्तक बारंबार।।

गुरु शिक्षा की खान है,
जग में गुरु महान है।
गुरु का ज्ञान पाकर,
हम धन्य हो जाते,
गुरुवर तेरे चरणों में,
नतमस्तक बारंबार।।

गुरु है मंदिर जैसी पूजा,
मात-पिता का नाम है दूजा ,
गुरु में शिक्षा का सागर,
गुरु बांटे सबको ज्ञान बराबर ,
गुरुवर तेरे चरणों में,
नतमस्तक बारम्बार।।

पाकर ज्ञान गुरु का,
इस पवित्र जगत में हम फैलाएंगे ,
काले बादल आसमान से छंट जाएंगे,
गुरु की महिमा तो,
गाता सारा जहान है।
मिलता है उच्च शिखर
गुरु से राष्ट्र निर्माण है।
गुरु ही है परमब्रह्म,
ब्रम्हा, विष्णु , महेश
इनके मार्गदर्शन से,
होगा ना कभी क्लेश ।
गुरु है ज्ञान का भंडार,
उनके आशीष से,
जीतेंगे हम बार-बार,
गुरुवर तेरे चरणों में,
नतमस्तक बारम्बार।।

मौन

गायत्री पटेल
(पता :- बिलासपुर, छतीसगढ़)

उसे मुझसे बोला न गया,
मुझे भी उससे कुछ पूछा न गया,
हम दोनों मौन थे,
चाँदनी ओट पे बिखर रही थीं,
मगर रात्रि स्तब्ध !
भीतर गहरा शोर था,
चोटिल हृदय,
व्यथित मन,
गुमनामी में जकड़े,
बारूदों के ढेर में दम तोड़ रही थी,
क्या अब भी कुछ बचाया जा सकता हैं?
उनकी सहस्र आँखें मुझसे पूछ रही थी,
हम कौन हैं?
युद्ध का परिणाम क्या हुआ?
मैं सहमी,
सहमती ही गई,
चेतना शून्य और इंसानियत मौन थी।

मैं ईमान बिक जाता हूँ

गायत्री पटेल
(पता :- बिलासपुर, छतीसगढ़)

मैं चलता हूँ!
मैं चलता हूँ!!
आगे बढ़ने की अंधी होड़ में,
मैं भी मचलता हूँ,
मैं देखता हूँ,
कि कोई यहाँ से गुजरें,
और मुझे उठा ले,
अपने सीने से लगा ले,
मगर मैं हार जाता हूँ,
पैरों तले कुचल दिया जाता हूँ,
फिर दूसरे दिन किसी की जेब में,
भर दिया जाता हूँ,
मैं ईमान क्षितिज से गिर जाता हूँ।
मैं इंतजार करता हूँ,
करता रहता हूँ,
कि कोई मुझे देख ले,
मेरा मूल्य समझ ले,
मगर मैं हार जाता हूँ,
आगे बढ़ने की अंधी होड़ में,
सिर्फ नामों में,
कसमों में रह जाता हूँ,
किसी दूसरे-तीसरे के हाथों में,
मैं ईमान बिक जाता हूँ।

बीज

गायत्री पटेल
(पता :- बिलासपुर, छतीसगढ़)

गाछ, पत्तों से ढुलकता
और प्रसून से छिटक कर,
नित्य जमीन पर गिर जाता हूँ,
तब परिंदो को दाना,
खेतों में हलधरों को आना,
मैं मंद-मंद मुस्काता हूँ,
मैं बीज बन जाता हूँ।

जब किसानों के पसीने की बूंद,
धरती पर पड़ती हैं,
मैं सोंधी मिट्टी में अंकुरित होकर उग आता हूँ,
फिर पुष्पित हो जाता हूँ,
तब मैं खेतों में लहराता हूँ,
पवनों के साथ दूर बह जाता हूँ,
और सभी प्राणियों को लुभाता हूँ,
तब मैं फसल बन जाता हूँ।

जब फसलों से अनाजों के रूप में नया रूप पाता हूँ,
तब मंडी और बाजारों में पहुँच जाता हूँ,
अन्न के रूप में सबका जीवनदाता बन जाता हूँ,
मैं जीवन बन जाता हूँ,
मैं बीज बन जाता हूँ।

भूख

गायत्री पटेल
(पता :- बिलासपुर, छतीसगढ़)

माँ मजदूरी कर घर लौटी,
छप्पर से पानी टप-टप टपक रहा था,
बच्चें बर्तन लिए,
अधमुँदी आँखो से जगे हुए थे,
नग्न तन और पानी के छींटे,
ठंडी हवा से तन डोल रहें थे,
माँ को देखते ही वे चहक उठे,
माँ तुम आ गई?
खाना दो न!
सावित्री की आँखों से आँसू दुलक कर,
नीचे पानी में घुल रहे थे,
वह कपड़े में बंधी रोटी को
बच्चों में बाँटती है,
भूख में कूड़े से भी रोटी निकल आती है,
भूख में सब कुछ स्वादिष्ट लगता है,
उन्हें क्या पता ?
सावित्री सुबह घर से जो रोटी लेकर गई थी,
फिर उसी को बचा लायी है,
बच्चों की खातिर उसकी भूख बहक गई है ?

यादें

गायत्री पटेल
(पता :- बिलासपुर, छतीसगढ़)

तुम नहीं रहोगी,
तुम्हारी याद आयेगी,
रोज सवेरा यादों का,
काफिला मुझे जगायेगा,
तुम्हारी पायलों की झन-झन,
कदमों की चहलकदमी,
बड़ा सताएगी,
ईंट, पत्थर और दीवारें भी,
तुम्हारा पता पूछेगीं,
मैं कैसे पता बताऊँगी?
चुन्नू भी मुझसे पूछेगा,
दीदी कब आएंगी?
जिन चिड़ियों को तुम दाना डालती थी,
वे भी राह देखेंगे,
मैं उनको क्या बताऊँगी ?
नालों से टप- टप टपकता पानी,
घड़ी की टिक टिक,
पीड़ा पहुँचाएगी,
तुम नहीं रहोगी,
तुम्हारी याद आयेगी।

रह नहीं पाती हूँ

गायत्री पटेल
(पता :- बिलासपुर, छतीसगढ़)

मैं अक्सर कलम उठाती हूँ,
तो मैं,
मैं नहीं रह पाती,
और कोई और हो जाती हूँ,
वन-कानन, कंदराओं में बसने वाला,
भौरों और पक्षियों के साथ चलने वाला,
कंद-मूल खाकर बसर करने वाला,
पुष्प और लताओं में सोने वाला,
मैं वही आदिम वनवासी हूँ।

मैं औरों से अक्सर अछूती नहीं रह पाती हूँ,
मैला, कुचला पहनने वाला,
सुबह से शाम तक ढलने वाला,
अपना सर्वस्व न्यौछावर कर देश बनाने वाला,
फिर भी दो जून की रोटी खाने वाला,
मैं वही गरीब, मजदूरों की कहानी हूँ।

बंद पड़ी सलाखों को खोलने वाली,
पुरातन, रूढ़ी परंपराओं को तोड़ने वाली,
पराधीन भारत को मुक्ति के राह पे चलाने वाली,
देश में अहम भूमिका निभाने वाली,
संसद को चलाने वाली,
मैं वही भारतीय नारी हूँ।

कब तक झेलती रहेगी

डॉ० परशुराम ग० मालगे
(पता :- मंगलूर, कर्नाटक)

निर्भया काण्ड के बाद सोचा था, कुछ सुधार होगा,
लेकिन सोचा नहीं था, दरिंदों की हिम्मत इतनी बुलन्द होगी।
बारह साल के बाद भी कुछ बदला नहीं,
वह राक्षस अभी तक इंसान बना नहीं।
अभी भी उनके मन में वही क्रूरता जिन्दा है,
पापी मन में अभी भी हवस बाकी है।
निर्भया कांड के बाद यह सिलसिला बंद नहीं हुआ है,
एक नहीं, दो नहीं, सैंकड़ों निर्भया सामने आ रही हैं।
देश के कोने-कोने से वही चीक सुनाई दे रही है,
जो बारह साल पहले सुनाई दिया था और दुबारा दिल झकझोर रहा है।
देख हैवानियत का व्यवहार, हो रहा है मन शर्मसार,
सोच-सोचकर मन में उठ रहा है यही सवाल बार-बार।
कब समाप्त होगा यह दुर्व्यवहार, यह हैवानियत,
क्या, कभी जागेगी नहीं उन बेशर्मों के मन में इंसानियत।
कब तक लड़ती रहेगी बेचारी नारी उन निर्दयी मृगों से,
कब तक झेलती रहेगी, मुक्ति मिलेगी कब उसे शैतानी करतूतों से।
अवतार अब लेना होगा उसे काली का, दुर्गा का,
स्व-रक्षा के लिए लेना होगा अवतार चामुंडी का।
बेझिजक अब हाथ में उठाना होगा लाठी और तलवार,
करने, उन दरिंदों, राक्षसों और पशुओं का संहार।

दीपक कहता

बबीता माँधणा
(पता :- शालीमार,
पश्चिम बंगाल)

सीखो मुझसे दीपक कहता,
रश्मि-पुंज सम जगमग रहता।

कोने में जब मुझको रखते,
तब भी स्वर्णिम सेवा चखते।

मिट्टी माता को हूँ प्यारा,
चाहे मुझको यह जग सारा।

पूजा का साधन बन जलता,
पाकर लौ को मानव फलता।

भिन्न तरह से लोग सजाते,
संग शंख को देख बजाते।

दीन-पिता का क्षोम जानता,
भूख-आग सी तेज मानता।

सज जाता जब पर्व दिवाली,
दूर भगाता हालत माली।

चाहे लेना बूढ़े-बच्चे,
उनके मन होते हैं सच्चे।

सेवा देना दीप सिखाता,
हर घर में खुशियाँ लाता।।

काश! बारिश हो जाए

विजय पाल
(पता :- हिमशिखा, हरियाणा)

पत्ता-पत्ता भी ये चाहे,
कोई तो पानी बरसाए।
बादल तो हर रोज छा रहे,
बरखा ना पर अब तक लाए।
काश! कि कुछ बारिश हो जाए।

हवा का इक झोंका ना आए,
उमस बहुत ही बढ़ती जाए।
सब प्राणी बेचैन हो गए,
ये गर्मी सबको तड़पाए।
काश! कि कुछ बारिश हो जाए।

बेहाल ये सबको करती जाए,
ये देह सब्र खोती ही जाए।
दम घोंटू ये गर्मी हो गई,
खूब पसीने से नहलाए।
काश! कि कुछ बारिश हो जाए।

सिंगार ये कुदरत खोती जाए,
खत्म ना हरियाली हो जाए?
नदी की पतली धार रह गई,
ज्यों छुप-छुप कर रोती जाए।
काश! कि कुछ बारिश हो जाए।

ठंडी-ठंडी हवा चली

विजय पाल
(पता :- हिमशिखा, हरियाणा)

गर्मी से कुछ राहत मिली है, बहुत दिनों के बाद।
उमस में कुछ आई कमी है, बहुत दिनों के बाद।
पसीना भी सूखा आज, बहुत दिनों के बाद।
पवन के झोंके चैन दे रहे, बहुत दिनों के बाद।
ठंडी-ठंडी हवा चली आज, बहुत दिनों के बाद।

कोयल फिर से बोल रही है, बहुत दिनों के बाद।
मोरों ने भी पंख फैलाए, बहुत दिनों के बाद।
हिरणों ने भी भरी कुलांचें, बहुत दिनों के बाद।
पत्ते-बूटे खुशी से नाचे, बहुत दिनों के बाद।
ठंडी-ठंडी हवा चली आज, बहुत दिनों के बाद।

माँ के नाम पेड़

विजय पाल
(पता :- हिमशिखा, हरियाणा)

देखो! ये गड़बड़ घोटाला ,
वन महोत्सव मना रहे हैं ।

काट-काट कर पेड़ों को वो ,
पर्यावरण दिवस मना रहे हैं ।

पेड़ हरे-हरे ढ़हा कर ,
छोटे पौधे उगा रहे हैं ।

हम ही जिम्मेदार हैं इसके,
हमको ये जता रहे हैं ।

फिर भी जाग रहे लोग तो ,
हरियाली वो बचा रहे हैं ।

उनका क्या करना है जो ,
धरती को बंजर बना रहे हैं ।

देकर सेठों को पूरा जंगल ,
'माँ के नाम पेड़' लगा रहे हैं ।

ऐ! चाँद

जया आर्य
(पता :- भोपाल, मध्य प्रदेश)

ऐ! चाँद बड़ी तमन्ना थी तुझसे मिलने की,
तू मिलकर क्यूँ छुप जाता है,
ऐ! चाँद?

मैं तो फिर भी तेरी चाहत में निहाल हूँ।
रिझाता है तू कभी चौदहवीं का चाँद बनकर,
कभी पूनम का चाँद,
कभी ईद का चाँद बनकर।

ऐ! चाँद छुप न जाना यूँ मुझे बार-बार रिझाकर।
मगरूर चाँद,
मशहूर चाँद,
बेकरार चाँद,
नटखट चाँद,
ले चल मुझे,
सितारों के देश में,
सपनों के देश मे,
तमन्नाओं के शहर में,
ऐ! चाँद।
जहां कोई न हो सिर्फ तुम हो और मैं
ओ चांद।

जोकर

जया आर्य
(पता :- भोपाल, मध्य प्रदेश)

जोकर कहता कभी न रोना,
सदा सदा ही हँसना तुम।
आँसू अपने छुपा-छुपा के,
सदा-सदा ही हँसना तुम।।

हँसना ही जीवन की कला है,
इस जीवन को जी लो तुम।
इस जीवन को जी लोगे तो,
सदा सफल हो जाओगे।।

जोकर कहता सदा ही हँसना,
आँसू को पी जाओ तुम।
जीवन है तो हँस के जी लो,
रोना फिर क्यों रोना जी।।

तुम हँसो तो सभी हँसेंगे,
रोये तो न रोए कोई।
इसलिए कहता सदा मैं साथी,
सदा-सदा ही हँसना तुम।।

हँसते-हँसते इस नैया को,
झटपट पार करोगे तुम।
जोकर कहता कभी न रोना,
सदा-सदा ही हँसना तुम।

दिल

जया आर्य
(पता :- भोपाल, मध्य प्रदेश)

ये दिल
धड़कता क्यों है?
धधकता क्यों है?
दहकता क्यों है?
बहकता क्यों है?

ये दिल
हर साँस पर
सम्हलता क्यों है?
सिमटता क्यों है?
मिटता क्यों है?
मिटाता क्यों है?

ये दिल
जीता क्यों है?
मरता क्यों है?
रूठता क्यों है?
मनाता क्यों है?
मानता क्यों है?

ये दिल
मचलता क्यों है?
तड़पता क्यों है?
उलझता क्यों है?
घबराता क्यों है?

ये दिल
खिलता क्यों है?
मुरझाता क्यों है?
झुलसता क्यों है?
दीवाना क्यों है?

ये दिल
जलता है,
छलता है,
हौसला देता है,
जान लेता है,
जान लेता है।

ये दिल
चाहता क्यों है?
रोता क्यों है ?
हँसता क्यों है?
हँसाता क्यों है?

ये दिल
पत्थर क्यों है?
शीशा क्यों है?
टूटता क्यों है?
जुड़ता क्यों है?
बिखरता क्यों है?
निखरता क्यों है?

ये दिल
दिल है ना।

सच्चा सखा

रोहताश सिंह 'खनगवाल'
(पता :- पंचकूला, हरियाणा)

ओ परी,ओ छुरी,ओ ऐसी कली,
यौवन की अवस्था में,वो है ढली ।

मुस्कराकर झुकाती है,अपनी नजर,
काम ने नहीं छोड़ी है,उसमें कसर,
मोहित होते हैं, उस पर ये सारे अलि,
यौवन की अवस्था में,वो है ढली ।

दर्शन होते हैं जैसे शशि का मुख,
मिलता देख कर उसको जन्नत का सुख,
उद्यानों की खुशबू में ,वह है फली,
यौवन की अवस्था में,वो है ढली ।

आभा बिखराती है जैसे कोई किरण,
उसका मेरा हुआ, है अब ऐसा मिलन,
चाँदनी की तरह वह मुझको मिली,
यौवन की अवस्था में,वो है ढली ।

अलक ऐसे हैं, जैसे कोई बादल,
उसका ऐसा रूप,मुझे बना गया पागल,
रस से भरी वह गुड़ की डली,
यौवन की अवस्था में,वो है ढली ।

सुमन से शोभित हैं, उसके ये अधर,
नयनों की ज्योति, ज्यों उमड़ता जलधर,
प्रेम पथ पर अब, वो है चली,
यौवन की अवस्था में,वो है ढली ।

तुझे आभा कहूँ या कहूँ रजनी,
मेरे मन को है,भाया नाम नन्दिनी,
तेरे सौंदर्य पर हुआ,ये जीवन बलि,
यौवन की अवस्था में,वो है ढली ।

मिला मुझको अपना ये सच्चा सखा,
मन मन्दिर के अंदर,मैंने उसको है रखा,
गिरा ग्रहण करी,गया गो की गली,
यौवन की अवस्था में,वो है ढली ।

दिल की डायरी

रोहताश सिंह 'खनगवाल'
(पता :- पंचकूला, हरियाणा)

दिल की डायरी,दिल की डायरी।
मुझे लगे वह प्यारी-प्यारी ।।
दिल की डायरी,दिल की डायरी।।

बहुत दिनों के बाद खुली है,
नैना उससे फिर मिली है,
ख्वाबों की शायरी,दिल की डायरी।

कानों में घुँघरी बजने लगी है,
उमंगों के जुगनू जगने लगे है,
स्याही पेन भी सजने लगे है,
चढ़ी खुमारी,दिल की डायरी।

काव्य के भाव उठने लगे है,
पन्नों पर शब्द उतरने लगे हैं
हृदय में लोटी,तस्वीर तुम्हारी,
दिल की डायरी,दिल की डायरी।

फिर एक नई मुलाकात होगी,
जज्बातों की गजलें,सँवरने लगेगी,
नज़रें मिलेगी,तुम्हारी हमारी
दिल की डायरी, दिल की डायरी ।

दिल मेरा छीना

रोहताश सिंह 'खनगवाल'
(पता :- पंचकूला, हरियाणा)

मुस्कराहट पर तेरी,
फ़िदा हुआ हसीना,
पहली ही नज़र में अपना,
दिल मेरा छीना।।

किस नाम से पुकारूं तुझे,
नाम नहीं जानता,
नैनों की बातों से ही,
प्रीतम अपना मानता।
तेरी हर अदा है निराली ,
इनका क्या कहना,
पहली ही नज़र में अपना,
दिल मेरा छीना ।।

किसी अजनबी से नैन-तीर,
चलाया न करो।
दन्त से अधर दबाकर,
मुस्कराया न करो,
तेरी ये हँसी कर देगी,
मुश्किल मेरा जीना।
पहली ही नज़र में अपना,
दिल मेरा छीना।।

तुम हो रात की आभा,
सवेरे चली जाओगी ?
मैं ढूढ़ता रहूँगा रतिया में,
तुम मिल नहीं पाओगी ?
मैं मर जाऊँगा प्यासा,
ओ ! सुन मेरी मैना।
पहली ही नजर में अपना,
दिल मेरा छीना ।।

ये वदन है इतना शोभित,
ज्यों खिलता हुआ गुलाब।
नैन कटीले, चाल-मोरनी,
इनका क्या जवाब ?
कोयल से बोल तेरे,
ज्यों बजती वीणा,
पहली ही नजर में अपना,
दिल मेरा छीना

अगर मिल जाते पहले,
बातें करते प्यार की।
अब भी इन्तजार करूँगा,
प्रेम-पत्र के यार की,
तुम्हारी अब जुदाई का,
ज़हर है मैंने पीना ?
मुस्कराहट पर तेरी,
फिदा हुआ हसीना,
पहली ही नज़र में अपना,
दिल मेरा छीना ।।

नाराज़गी

रोहताश सिंह 'खनगवाल'
(पता :- पंचकूला, हरियाणा)

उसने ना समझा मुझको,
प्यार मेरा ठुकरा दिया।
पहले तो दिल्लगी करके,
दिल मेरा चुरा लिया ।।

अलि-कली से मिलता जब,
उस मनोहर चमन में।
खग भी कलरव करते,
देख उन्हें गगन में ।
जब उसने नैन मिलाए,
छा गई तन-मन में।
सरिता के दो तीर मिले,
अपनी उस लगन में।
पहले नजरें मिला के,
मुखडा आज छुपा लिया ।
पहले तो दिल्लगी करके,
दिल मेरा चुरा लिया ।।

दीप को प्रेम देकर,
उनसे वह रूठ गई।
प्रेमपाश में बंधकर,
डोरी उनकी टूट गई ।
आज दीप बुझ रहा है,
मन की आस छूट गई।
दिल उसका टूटा ऐसा,
अश्रुधारा फूट गई ।
अधरों का मधुपान कराकर,
वदन आज झुका लिया।
पहले तो दिल्लगी करके,
दिल मेरा चुरा लिया ।

आज उस पुष्प को देखो,
रो रहा जो अकेला ।
सकल उस उपवन में,
बिछुड़ गया उसका मेला।
टूट रही है पल्लव उसकी,
टूट रही उसकी बेला,
उसके इस जीवन में,
कुछ नहीं अलबेला।
उसने अमृत को समझ,
जहर-प्याला निगल लिया।
पहले तो दिल्लगी करके,
दिल मेरा चुरा लिया ।।

मर रहा हूँ प्रिय अब तो,
केवल तुम्हारी आस है ।
पूर्ण कर दो आस को,
यह प्रेम की प्यास है।
मिलना है तो आ कूल पर,
अन्तिम चल रही साँस है।
तेरे इस जीवन का साथी,
बस सच्चा रोहताश है ।
दिन आज ही खास है,
पर यह दिन भी खो दिया।
पहले तो दिल्लगी करके,
दिल मेरा चुरा लिया ।।
उसने ना समझा मुझको,
प्यार मेरा ठुकरा दिया।

जज़्बात

रोहताश सिंह 'खनगवाल'
(पता :- पंचकूला, हरियाणा)

मौसम की तरह यहाँ लोगों के,
मिज़ाज बदलते देखे है,
हम किसको क्या समझाएँ ?
यहाँ जज़्बात बदलते देखे हैं।

कभी मरते थे,जो मेरे लिए,
वे नजरें छिपाए जाते हैं,
हम आँसू पीकर रह गए,
हमराज़ बदलते देखे हैं।
मौसम की तरह यहाँ लोगों के,
मिज़ाज बदलते देखे हैं।।

कभी अपनों ने मुझे धोख़ा दिया,
और परायों ने लगाया गले,
नहीं आया समझ कुछ,
रिवाज बदलते देखे हैं।
मौसम की तरह यहाँ लोगों के,
मिजाज बदलते देखे हैं।।

यहाँ अपना-पराया कोई नहीं,
सब दिल के हमारे धोखे हैं,
सब बदल जाएगा एक दिन,
ये साज़ बदलते देखे हैं।
मौसम की तरह यहाँ लोगों के,
मिजाज़ बदलते देखे हैं।।

(कभी पल में खुश हो जाते हैं,
कभी पलभर में रूठ जाते है,
नहीं दिल को उनके समझ पाए,
अल्फाज बदलते देखे हैं।

मौसम की तरह यहाँ लोगों के,
मिज़ाज बदलते देखे हैं।।
हम किसको क्या समझाएँ ?
यहाँ जज़्बात बदलते देखे हैं।।

हिंदी की पीड़ा

रीना देवी
(पता :- पिंजौर, हरियाणा)

तुम हो हिंदी-गर्व तुम्हें हो ,
हिंदी तुम्हारा अभिमान है ।
14 सितंबर संविधान में ,
मुझको मिला ये सम्मान है ।।

देख अपनापन इतना मुझमें ,
सभी मेरे हो जाते हैं ।
फिर जाने क्यों अपने बच्चे ,
छोड़ मुझे यूं जाते हैं ?

जता प्यार जरा याद करो तुम,
मुझसे, क्या काम कराये थे ?
कभी बने आँखों का तारा,
कभी राई के पहाड़ बनाये थे ?

माँ-सा दिया दुलार मैंने,
क्यों बर्ताव, परायों-सा करते हो ?
नहीं दोष मेरे शब्दकोश में,
फिर हरदम अंग्रेजी क्यों रटते हो ?

संगत में पड़ इसकी देखो ,
"नो नीड" मुझे बताते हो ?
संस्कार दिए हैं जिसने तुमको,
उससे ही आँख चुराते हो ?

पढ़ो ध्यान से गर तुम मुझको ,
मुझमें नहीं कोई दोष है ।
देख बर्ताव तुम्हारा ऐसा ,
मन में भरा मेरे रोष है।।

छोड़ो ना यूं दामन मेरा ,
मैं शब्दकोश अपना बढ़ाऊंगी ।
मेरे होते गर अंग्रेजी आई ,
मैं जीते जी मर जाऊंगी ?

जागो ! सन्निपात निद्रा से ,
बेखबर सो नहीं सकते तुम ।
पढ़ा लिखा संस्कार दिए ,
उसे कैसे भूल सकते हो तुम ?

छोड़ा जो तुमने यों मुझको ,
फिर समझ मुझे ना पाओगे ?
मायूस होकर अंग्रेजी से ,
फिर कहां लौट कर जाओगे ?

माँ माँ शब्द सुना था सबने ,
तुमने मुख जब खोला था ।
हर दिशा में गूंज रहा था ,
सर्वप्रथम जो कुछ बोला था ।

क्या हुआ अब तुम ही बोलो ?
क्यों मुख अपना यों मोड़ लिया ?

वशीभूत हो अंग्रेजी के ,
मुझसे नाता तोड़ लिया ?

मेरी है यही विनती तुमसे ,
मुझे बोलने में ना शर्म करो ।
कौन-सी भाषा तुम्हारे लिए अच्छी,
स्वयं ही इसका मनन करो ?

नहीं चाहती बोझ मैं बनना ,
अब तुम ही यह निर्णय लो ।
छोड़ दो यूं बेदर्द बनकर,
या तन मन धन से अपना लो ।

नहीं चाहती मैं अहित तुम्हारा ,
तुम कब मुझे पहचानोगे ?
साया बनकर साथ मैं दूंगी,
इस बात को कब मानोगे ?

सुनकर करूण पुकार माता की,
पश्चाताप से अश्रु निकल गये,
हुआ अहसास गलती का अपनी,
कैसे हम इतना बदल गए ?

नहीं छोड़ेंगे साथ तुम्हारा,
हम आज प्रण यह लेते हैं ।
विश्वास करो हमारा माते ,
हम वचन तुम्हें यह देते हैं ।

गर्व हमें है तुम पर ही ,
अभिमान हमारा तुम ही हो।
कहेंगे सुनेंगे हिंदी ही हम ,
पहचान हमारी तुम ही हो,
पहचान हमारी तुम ही हो ।

छुट्टियाँ

रीना देवी
(पता :- पिंजौर, हरियाणा)

पितामही देखी नहीं,
पितामह थे अपने साथ,
उन्हीं के साए में पले,
सिर पर हमेशा उनका हाथ ।।

सर्दकालीन अवकाश में तो ,
घूमे नहीं कभी भी हम ।
व्यस्त रहे बच्चों के संग,
सालाना कार्यक्रम में ही हम ।।

पूरी छुट्टियाँ बीत गई,
तैयारियों के चलते ही ।
खुल गए स्कूल फिर ,
घूमने निकले ही नहीं ।।

कैसे बताएँ सुंदरता ,
देखा नहीं जो गोवा बीच ।
चलती रही कहा-सुनी,
छुट्टियों में हम दोनों के बीच ।।

फिर पुनः व्यस्त हुए ,
दैनिक-दिनचर्या वही ।
वही सुबह जल्दी उठना,
और सोना देर से वही ।।

सुख-चैन सब फिर खो गया,
खुशियों का भी पता नहीं ।
आ जाएँ फिर से छुट्टियाँ तो ,
घूम आए हम भी कहीं ।।

अस्तित्व का परचम

पिंकी पूर्णिमा
(पता :- पंचकूला, हरियाणा)

हालात से डरकर
रुक तो न जाऊँगी मैं,
अपने अस्तित्व का परचम
आसमान में लहराऊगी मैं ।

घर की चार दिवारी भी न,
अब तो बंद कर पाएगी मुझे ।
चूल्हा चौका करके भी,
खूब खेत कमाऊँगी मैं।
क्या गाँव, क्या शहर,
सब जगह बसेरा है मेरा,
क्यों समाज ने ये सब,
जानकर भी मुँह है फेरा ।
रोक लो मुझे चाहे,
दो खाई या फिर दो झेरा।
हालात से डरकर
रुक तो न जाऊँगी मैं,
अपने अस्तित्व का परचम
आसमान में लहराऊगी मैं ।

खाने और कमाने पर,
होता बस बेटों का अधिकार,
यही सब कह कर मेरे,
वजूद का रथ रोका है ।
बिना हक हालातों के भी,
बेटों से टक्कर ले जाऊँगी,
शिक्षा, खेल, जमीं हो,
या फिर चाहे आसमां,
नाम सब पर अपना,
मैं लिख जाऊँगी ।
हालात से डरकर
रुक तो न जाऊँगी मैं,
अपने अस्तित्व का परचम
आसमान में लहराऊगी मैं ।

समाज के ठेकेदारों से
पूछना है मुझे ,
पुण्य का नाम लेकर
हर पाप कमाते हो तुम ,
और पतिता, कुलटा, कुलछनी
नामों से घेरा मुझे,
खुद बीमार हो इल्लजाम
सदैव मुझ पर लगाते हो तुम ।
आरुषि, निर्भया, आसिफा,
जैसी सौगातें देते आए हो ,
अरे ! कीचड़ में भी
कमल- सी खिल जाऊँगी मैं।
हालात से डरकर
रुक तो न जाऊँगी मैं,
अपने अस्तित्व का परचम
आसमान में लहराऊगी मैं ।

समाज की हर बेटी से
कहती हूँ मैं,

डरना नहीं हालात से
लड़ना है तुझे।
खुद ही खुद का सहारा
बन बढ़ना है आगे,
चीर कर हिमालय
नदी भी निकलती है ,
अब बाधाओं के पार का
सफर करना है मुझे।
हालात से डरकर
रुक तो न जाऊँगी मैं,
अपने अस्तित्व का परचम
आसमान में लहराऊगी मैं ।

रूप के आगे गुणों को
किया था अनदेखा ,
आज मेरे रूप और गुणों को
क्या नहीं सभी ने देखा ?
कुंठित, ग्रसित हर शख्स
अब ये जान ले ,
मेरी करनी को
अब वह मान ले ,
लहू पिला - पिला कर अपना
सींचा है अपने इस वजूद को ।
हिम्मत है तो बाधाओं के
हर पहाड़ लगा दे ,
रोकने में मुझे तुम
अपनी पूरी ताकत लगा दो,
धरती का सीना फाड़ अब
हर मुकाम पे उग आऊँगी मैं ,
हालात से डरकर
रुक तो न जाऊँगी मैं,
अपने अस्तित्व का परचम
आसमान में लहराऊगी मैं ।

मुस्करा दीजिये

कशिश नगीनवी
(पता :- कालसी,उत्तराखंड)

चश्में नम की अब दवा कीजिये ।
ग़म के मौसम में मुस्करा दीजिये ।।

हँस-हँस के पीना है ग़म-ए-हयात ।
आंसुओं से बहाना बना दीजिये ।।

हो न जाए कहीं ज़हां में रुसवाई ।
भीगी पलकें अपनी झुका लीजिये ।।

लड़खड़ाते हुए जख्मी पांव को ।
लाज़िम है नया हौसला दीजिये ।।

राहतें दे गई नयी सर्द-सर्द हवा ।
अपना दामन फिर लहरा दीजिये ।।

तेरा जीवन "कशिश" इम्तहान है ।
कसौटी पर खुद को खरा कीजिये ।।

महक गया था मैं

कशिश नगीनवी
(पता :- कालसी,उत्तराखंड)

खुशबू से उसकी महक गया था मैं ।
सुराही देख कर बहक गया था मैं ।।

मीना से निकल जब शीशे में पहुंची ।
परिंदों की तरह चहक गया था मैं ।।

न पूछ मुझसे मेरा अंदाज-ए- मयकशी ।
सुर्ख़ियों मय से ही छक गया था मैं ।।

ताउम्र "कशिश" लड़खड़ाता रहा ।
सुर्ख आंखों में जरा रूक गया था मैं ।।

शीशे के घर में

कशिश नगीनवी
(पता :- कालसी,उत्तराखंड)

शीशे के घर में पत्थर का बुत सजाया मैंने ।
यही सोच कर साथ उसका निभाया मैंने ।।

आज़ उसी की आंख में मैं कांटा-सा बना ।
जिसे फूलों की तरह खिलना सिखाया मैंने ।।

मौका मिला तो दिखाया उसने हुनर-ए-कमाल ।
मुद्दतों जिसको आस्तीनों में बसाया मैंने ।।

होश आते ही "कशिश" उसने तमाचा मारा,
जिसको अभी-अभी डूबने से बचाया मैंने ।

सजाया जाय

कशिश नगीनवी
(पता :- कालसी,उत्तराखंड)

बज़ाहिर होंठों को सजाया जाय ।
रंग-ए-तबस्सुम को लगाया जाय ।।

हिक़ारत के रंग ने कर दिया बेरंग जिसे ।
उस आईने में अक्स नया लगाया जाय ।।

परेशां करते हैं जो ज़हन-ओ-दिल को ।
उन हादसों को अब भुलाया जाय ।।

बहुत हो चुकी अश्के-फिसानी "कशिश"।
चलो अब फ़िर से मुस्कराया जाय ।।

अश्रु आहुति दे

कशिश नगीनवी
(पता :- कालसी,उत्तराखंड)

अश्रु-आहुति दे सम्पूर्ण हवन कर दिया मैंने ।
संचित-स्मृतियों का विलोपन कर दिया मैंने ।।

शनैः-शनैः, पूरित हुए, प्रेम-पत्र घटि का ,
आंसुओं की गंगा में विसर्जन कर दिया मैंने ।।

निष्कंटक पथ है अब स्वच्छंद विचरो,
पथ के हर शूल का दमन कर दिया मैंने ।।

दशों दिशाओं से बिंब तुम्हारा न प्रतिबिंबित हो,
"कशिश" हृदय को ऐसा दर्पण कर दिया मैंने ।।

ऐतबार न करना

सोमदत्त शर्मा आसरी
(पता :- कुरुक्षेत्र, हरियाणा)

राह चलते का कभी ऐतबार न करना।
छोटी-छोटी बातों पर तकरार न करना।।

दुनिया का तो काम ही है दगा देना,
इन बातों पर ज्यादा विचार न करना।

जिंदगी इक सफर जैसी ही है जनाब,
इससे भी प्यार तुम बेशुमार न करना।

दर्द सीने में दबाए रखना बताना मत,
महफिल में कभी भी इजहार मत करना।

पत्थरों में कभी कोई हरकतें नहीं होती,
इनसे मिन्नतें कभी कई हजार न करना।

दीवानापन दीवानगी दीवाने ही जानते हैं,
अपना रवैया बदलना सदाबहार न करना।

सीना चाहे बज्र का क्यों न हो जनाब,
पर हथियार का कभी ऐतबार न करना।

ये मुशायरे ये गोष्ठियाँ क्या नहीं बताती,
छिपकर रहना ज्यादा अपना प्रचार न करना।

जिंदगी अपनी है चाहे जैसे जीना दोस्त,
पर जिंदगी को कभी अखबार न करना।

मानते हैं दमखम बहुत ज्यादा है तुझमें,
पर कभी भी सीधे ललकार न करना।

जिंदगी को बड़ा सलीके से जीना जनाब,
जिंदगी में किसी को हकदार न करना।

होने को क्या खत्म नहीं होता प्यारे,
कभी भी सपनो को बेकार न करना।

बुरों से बचने की जरूरत ही नहीं होती,
बस बनावटी सच्चों से प्यार न करना।

किस्मत किसको कहाँ ले जाए पता नहीं,
आलतु-फालतु का व्यापार न करना।

जो बाहर से सुन्दर हो अन्दर से भी हो जरूरी नहीं,
राह चलते-चलते हुस्न वालों से प्यार न करना।

हुस्नवालों का ऐब भी ऐब नहीं होता जनाब,
तू इनकी तरह जीवन में खुमार न भरना।

हुस्न वाले तो होते ही हैं साइलैंट कीलर,
कुछ भी हो पहली नजर में प्यार मत करना।

तू सच्चाई का पुजारी बनकर न रहना "सोमदत्त",
यहाँ सब झूठ में सने हैं कभी ऐतबार न करना।।

दिल की डायरी

मेरे दिल की डायरी में, तेरी यादें बसती हैं।
हर पेज पर लिख रहा तेरा नाम, गुलाबी स्याही से।
मेरे दिल की गहराइयों में जिसकी खुशबू बसती है।
सुबह-सुबह सूंघ लूँ जिसको, तो मेरी तासीर अच्छी होती है।

डॉ० अरुण कुमार शास्त्री
(पता :- दिल्ली)

तेरी मुस्कुराहट मेरे लिए, एक सपना है ,
तेरी आवाज़ मेरे कानों में , एक मधुर संगीत है ।
शक्ल और सूरत से वास्ता नहीं जिनका ।
एक उन्नत सुकून देती आत्मा ही जिसकी हस्ती है ।

तेरे बिना मेरा जीवन,एक सूना घर है ,
तेरे साथ मेरा जीवन,एक खुशहाल दिन है ।
मैंने देख डाले हैं लाखों सपने दिन ढले ।
जिनकी तंज़ीम मेरी नींद में भी फिल्म सी चलती है ।

तेरी प्यार की किताब में, भी मेरा नाम लिखा होगा,
तेरे दिल की डायरी में, मेरा चेहरा भी छपा होगा।
मेरी यादें , तेरी यादें, हम दोनों के मिलन को तरसती हैं।
सच कहूं तो बने हैं हम, एक दूसरे के लिए ।

मेरे दिल की डायरी में, तेरी यादें बसती हैं ,
हर पेज पर लिख रहा तेरा नाम, गुलाबी स्याही से ।
मेरे दिल की गहराइयों में, जिसकी खुशबू बसती है ।
सुबह-सुबह सूंघ लूँ जिसको, तो मेरी तासीर अच्छी होती है ।

मेरे दिल की डायरी में,नहीं हैं ज्यादा पन्ने ।
मुश्किल से होंगे कोई बीस या तीस या फिर चालीस ।
हर पेज पर तेरा नाम, फिर खुदा का नाम फिर तेरा नाम ।
बस ये साँसे ये दिल ये जिस्म जिनके लिए दिया है मुझको ।

मेरे दिल की डायरी में, तेरी यादें बसती हैं ।
हर पेज पर लिख रहा तेरा नाम, गुलाबी स्याही से ।
मेरे दिल की गहराइयों में जिसकी खुशबु बसती है ।
सुबह -सुबह सूंघ लूँ जिसको, तो मेरी तासीर अच्छी होती है ।

हर चेहरा रंगीन मुखौटा

डॉ० अरुण कुमार शास्त्री
(पता :- दिल्ली)

परिस्थितियों के मोहताज़ नहीं,
ये इंसानी मुखोंटे ।
झपट पड़ते हैं नारी जिस्म नोचनें को,
जब भी मिलते मौके ।

इन दो शब्दों में छुपी एक दुर्भाग्यपूर्ण सच्चाई है।
यह एक ऐसी दुनिया है जहाँ,
महिलाओं के लिए हर वो पुरुष एक आतताई है ।
ऐसा नहीं हर कोई वही करने के लिए तैयार हैं,
लेकिन अधिकांशत: कुरूपित बुद्धि पुरुष मन से,
नारी शरीर को भोगने के लिए तैयार हैं।

आत्मसम्मान तो नारी का घर हो या बाहर टूटता ही है।
कार्य स्थल पर , सड़क पर , सुनसान इलाके में
जिसकी आशंका होती मगर अधिक ।
पशु वत प्रवृतियाँ कही जाती ये इंसानी आदतें ।
इनसे मुँह मोड़ने को तैयार मगर रहते हैं कुछ एक ही।

परिस्थितियों के मोहताज़ नहीं,
ये इंसानी मुखोंट ।
झपट पड़ते हैं नारी जिस्म नोचनें को,
जब भी मिलते मौके ।

इन दो शब्दों में छुपी एक दुर्भाग्यपूर्ण सच्चाई है।
यह एक ऐसी दुनिया है जहाँ,
महिलाओं के लिए वो पुरुष एक आतताई है ।
ऐसा नहीं हर कोई वही करने के लिए तैयार हैं ।
महिलाएँ अधिकतर अपने जीवन में बचपन से ही ,
कई चुनौतियों का सामना करती हैं,
बच्ची हो या युवा, उन काम अंध पुरुषों की,
निगाह से कोई नहीं बचती हैं ।

लेकिन उन्हें कभी हार नहीं माननी चाहिए ।
उन्हें अपने आत्मसम्मान को बचाने के लिए तैयार रहना चाहिए,
अपने अधिकारों के लिए लड़ना चाहिए।
ये जीवन ईश्वर की देंन है, उसका सम्मान करना चाहिए।

परिस्थितियों के मोहताज़ नहीं,
ये इंसानी मुखोंटे,
झपट पड़ते हैं नारी जिस्म नोचनें को,
जब भी मिलते मौके।
इन दो शब्दों में छुपी एक दुर्भाग्यपूर्ण सच्चाई है।

महिलाएँ अपने जीवन में हर कदम आगे बढ़ने के लिए तैयार रहें,
और अपने सपनों को पूरा करने के लिए तैयार रहें,
हार तो उन्हें माननी ही नहीं चाहिए,
अपने आत्मसम्मान को बचाने के लिए तैयार रहना चाहिए।

दिल की डायरी

उषाकिरण निर्मलकर
(पता :- धमतरी, छत्तीसगढ़)

कुछ उलझे सवाल,
कुछ अधूरे खयाल,
अकेले तन्हाई में,
वो बीते हुए साल ।
कैद है दिल की डायरी में।।

वो जिंदगी का अँधेरा,
वो अमावस का घेरा,
वो तपती धूप और,
वो काँटों का बसेरा ।
कैद है दिल की डायरी में।।

वो अपनों की तकरार,
कभी जीत, कभी हार,
वो लड़ना आँसुओं से,
और वो हालात की मार।
कैद है दिल की डायरी में।।

वक़्त बदला, हम भी बदल गये,
लड़खड़ाते हालात भी संभल गये,
वक़्त ने लगाया मरहम तो,
हमारे सारे जख्म भी भर गये।

हम उस दौर से,
निकल तो गये लेकिन,
कुछ यादें, सबक बनकर,
आज भी कैद है दिल की डायरी में।।

परिवार

उषाकिरण निर्मलकर
(पता :- धमतरी, छत्तीसगढ़)

साथ रहना,
साथ जीना सिखाए,
परिवार ही ।

रिश्तों को बांधे,
मजबूत बनाए,
धागा प्रेम का ।

जीवन पूँजी,
खुशहाली का द्वार,
है परिवार ।

प्यार से सींचो,
विश्वास की बगिया,
उजाड़ो नहीं ।

इसके बिना
अधूरा है जीवन
संभालो इसे ।

मजदूर

उषाकिरण निर्मलकर
(पता :- धमतरी, छत्तीसगढ़)

जीवन भर,
मेहनत करता,
मैं मजदूर ।

समाज में मैं,
कहलाता श्रम का,
अक्षय पात्र ।

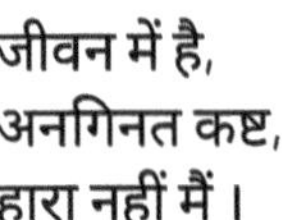

जीवन में है,
अनगिनत कष्ट,
हारा नहीं मैं ।

मेहनत ही,
जीवन का लक्ष्य है,
आत्मसंतोष ।

मेरे श्रम से,
दुनिया राज करे,
समृद्धि आई ।

रूप विधाता,
जग को संवारता,
सृजनकर्ता ।

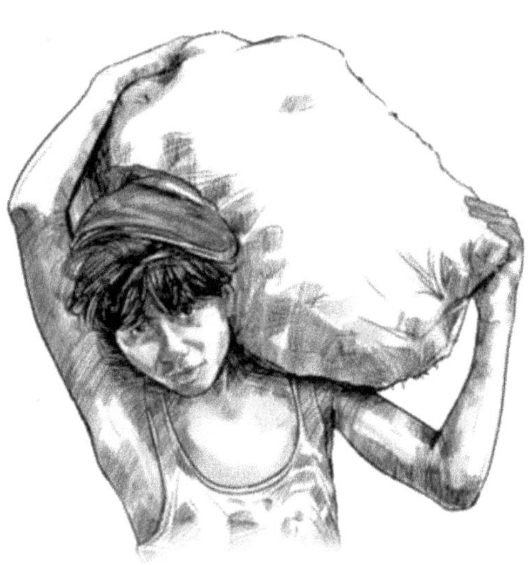

लघुदीप

डॉ० पल्लवी सिंह 'अनुमेहा'
(पता :- बैतूल, मध्य प्रदेश)

सघन तिमिर में
तिरोहित कर देती है कक्ष में
नन्हीं-सी लौ लघुदीप की।

टहनी में आबद्ध प्रसुन
बिखर जाते है धरा पर
सान्ध्य बेला तक
पर असीम तक
विस्तार पाती है--
उसकी गंध।

रहता है गगन में चन्द्र
पर, ज्योत्सना ले आती है उसे
इला के नेहासिक्त अंचल तक
बाँध उसके स्निग्ध भुजपाश में।

जड़ बाँस की नन्हीं-सी बाँसुरी
मधुर स्वरों से
गूँजित कर देती है
अनन्त के उस पार तक।

सीमाओं से निबद्ध
महासागर बन घनश्याम
चूम लेता है----
उतुंग गिरि-शिखरों के
स्वेत कपोलों को,
छू लेता है अनन्त ऊँचाइयाँ
आकाश को
और चुपके से दे जाता है
शृंगार जीवन को।

स्थिर कगार शैलजा के
नहीं पहुँच पाते कहीं भी,
पर उन पर पड़े धूलकण
पहुँच जाते है जल-निधि तक।।

दिल की आवाज

डॉ० पल्लवी सिंह 'अनुमेहा'
(पता :- बैतूल, मध्य प्रदेश)

जिंदगी तुम मुझे आजमाती रहीं,
रूठती तुम रही
और मैं मनाती रही।

मुझे बहुत कुछ कहना था तुमसे
और तुम कुछ, और ही कह गईं।
तुमको जाना ही, कहीं और था
और सच में तुम चली गईं,
जिंदगी तुम पास हो यही कहीं।
तुम भूलती रही
और मैं बताती रही,
जिंदगी तुम मुझे, यूँ ही आजमाती रही।

तुम्हारी स्मृतियों को
दिल से न भुला सकी,
तुम्हारी दुनिया में
एक घरौंदा भी मैं बना न सकी,
इसलिए---
मन ये कुछ उदास है।
चुप रहीं तुम
मैं तुम्हें बताती रही,
जिंदगी तुम मुझे, ऐसे ही आजमाती रही।

तुम्हारी स्मृतियाँ
मुझे भिगोती रही,
दिल में तुम रहीं
पर जिंदगी में नहीं,
क्यूँ खफा हुई तुम मुझसे ?
जबकि तुम हो मेरी जिंदगी,
जिंदगी तुम मुझे रोज ऐसे ही आजमाती रहीं।।

दिल की डायरी

डॉ० पल्लवी सिंह 'अनुमेहा'
(पता :- बैतूल, मध्य प्रदेश)

कितने ही साल गुजार दिये
इस चाहत में,
कमबख्त कुछ और
सोचने का
हौसला ही न रहा।

कितने ही दायित्व थे
निभाने को पर,
अफसोस
इस चाहत के सिवा
कोई दूसरा गम ही
न रहा।

कितने भागे उस मरीचिका
के पीछे,
जो वास्तव में
सेहरा में
कहीं भी न था।

सदैव बनी रही
एक मृगतृष्णा-सी
इस अतृप्त मन में,
जिसका दूर तक
कहीं नामों-निशां न था।

कितने ही फर्ज थे
पूरे करने को पर,
बस इस चाहत के
सिवा
कुछ नजर आता न था....।।

अरी ध्वजा उखाड़ दे

अरी ध्वजा उखाड़ दे ,
अरी ध्वजा उखाड़ दे ।
उड़ा के दुश्मनों के सर ,
अरी ध्वजा उखाड़ दे ।

भुजा कटी,वो धड़ गिरा ,
वो सर कटा कटार से ।
उड़ा के दुश्मनों के सर ,
अरी ध्वजा उखाड़ दे ।

ना सोच में विलम्ब कर ,
ना संशय में सवाल कर।
जवाब हर सवाल का,
हो तेरे हर एक वार में ।

हुंकार कर दहाड़ कर ,
तू शेर-ए-हिंद, वार कर ।
तू आगे बढ़ बढ़ा ही चल ,
मदमस्त गज की चाल से ।

तेज धार तेग से,
प्रचंड वेग वार कर ,
है, समर अब सामने ,
बन शिव-वज्र, संघार कर ।

वीर तू धरा का है ,
सीख ले अतीत से ।
वरण करती है विजय,
हमेशा पहले वार से ।

सरदार मनविंदर सिंह
(पता :- यमुनानगर, हरियाणा)

यशस्वी भव रणवीर तू ,
हर विघ्न-बाधा पार कर ।
देवों से ले आशीष तू ,
नियति को स्वीकार कर ।

ना सिर झुका ,ना मुंह छुपा ,
न सोच इस सवाल पे ।
ये कर्म तेरा धर्म है ,
है धर्म युद्ध आज ये ।

सपूत तू धरा का है ,
गांड़ीव की टंकार कर ।
प्रण को अपने याद कर,
अब तो शंखनाद कर ।

प्राण को अपने याद कर ।
अब तो शंखनाद कर ।।
अब तो शंखनाद कर ।
अब तो शंखनाद कर ।।

मजहब के रंग

सरदार मनविंदर सिंह
(पता :- यमुनानगर, हरियाणा)

वो जो हर रंग में मजहब के रंग ढूंढते हैं ,
खुदा कौन है ?तुम्हारा ,चलो उनसे पूछते हैं।

हरा नहीं, पीला नहीं, नीला नहीं, काला नहीं,
मेरी पगड़ी का रंग, क्यों मेरे ही मज़हब वाला नहीं ?

वाह! क्या खूब चुन लिया, तुमने मेरे मजहब का रंग ?
मेरा पसंदीदा रंग ही, मेरे मजहब वाला नहीं ।

सब्ज़ किया है जिसने पत्तों का रंग और
सौ रंगों से सजाया है फूलों को ।
हर एक रंग है उसकी कुदरत का,
कोई भी तो बाहर वाला नहीं ।

आँख खुले तो सोच लेना जरा,
सुर्ख होता है लहू का रंग हर मजहब में,
किसी का हरा और किसी का काला नहीं।।

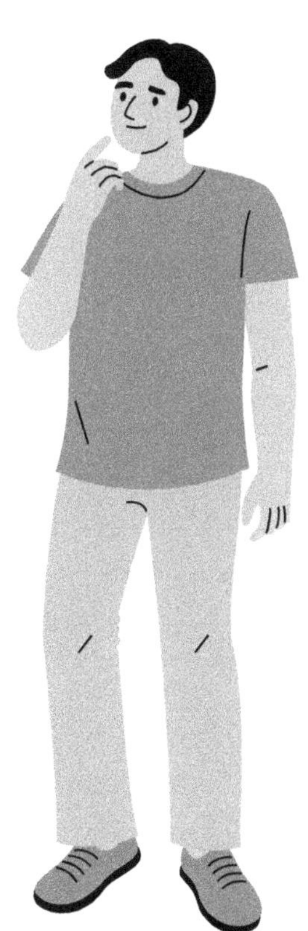

पतन दिखाई देता है

अंधकार ही अब दुनिया में,जनम दिखाई देता है।
आज विश्व में बंधु भाव का,पतन दिखाई देता है।

प्रतिभा सुधीर त्रिपाठी
(पता :- भिलाई, छत्तीसगढ़)

आज प्रलय के निष्ठुर तट पर,सारी दुनिया बैठी है।
राग-द्वेष मतलब में पड़कर,खुशियों से मुख ऐंठी है।
हर दिन हर पल बढ़त हो रही,जग के भ्रष्टाचारों में।
मँहगाई ने विष घोला है,सबके शुभग विचारों में।
कहाँ लोभ के मनभावों में,नमन दिखाई देता है।
आज विश्व में बंधु भाव का,पतन दिखाई देता है।

नहीं जाग पाया मानव तो,धरती से मिट जाएगा।
बैरी की क्या बात करें यह, स्वयं स्वतः पिट जाएगा।
जब तक शांत रहेगा तब तक,जीवन में सुख पाएगा।
लेकिन जो यह धूर्त बनेगा,दुख गहराता जाएगा।
हर मानव अब अपने ही मन,मगन दिखाई देता है।
आज विश्व में बंधु भाव का,पतन दिखाई देता है।

कृष्ण

नीलम सरोज
(पता :- जौनपुर, उत्तर प्रदेश)

सबके जो मन को भाये
वो हैं कृष्ण-गोपाल,
दुख, विपत्ति बाधा हरे,
भव-पार लगाते नन्दलाल।
माता देवकी से बिछड़कर
हुये यशोदा के नटखट लाल,
रसिया हुये गोपियों के,
बाल-मित्र हुये सब ग्वाल।
कमर करधन कर्ण में कुण्डल
औ' लटके उर बैजन्ती माल
सुन के मन हर्षित हुए,
जब करे नुपुर-रव रसाल।
शीश पर सोहे मोर-मुकुट
और अधर बाँसुरी ताल,
मार्तण्ड-रश्मि मद्धिम पड़े,
जब चमके तिलक भाल।।
मोहनि मूरति सांवरि सूरति
और चितवत नैन विशाल,
पहन क्षूद्र-घंटिका जब पग-पग डोले,
यशोदा-नन्द हुये निहाल।
कुपित इन्द्र जब मेघ बरसा कर
हुये गोकुल नगरी के काल,
धारण किये गोवर्धन तर्जनी पर
तब कहलाये गिरधर लाल।।

दिल की डायरी में लिखा है

अविषेक त्रिवेदी
(पता :- कोलकाता,
पश्चिम बंगाल)

हर पल का ग़म, हर खुशी का नाम,
हर दर्द का राज़, हर दुआ का साया ।

इस डायरी में छुपा है।।

मेरे दिल का हर राज़,
हर ख्वाब, हर आरज़ू,
हर जख्म, हर मरहम।

दिल की डायरी में लिखा है ।।

तेरा नाम, तेरा साया,
तेरी याद, तेरा प्यार,
तेरे बिना कुछ नहीं है ।

इस डायरी में खुला है ।।

मेरे दिल का हर राज,
हर ख्वाब, हर आरज़ू,
हर जख्म, हर मरहम।

दिल की डायरी में लिखा है ।।

जिंदगी का हर पन्ना,
हर खुशी, हर ग़म,
हर पल का एहसास।

इस डायरी में छुपा है ।।

मेरे दिल का हर राज़,
हर ख्वाब, हर आरज़ू,
हर जख्म, हर मरहम।।

मेरा घर

अविषेक त्रिवेदी
(पता :- कोलकाता,
पश्चिम बंगाल)

घर में रहती है मेरी दुनिया सारी,
प्यार का अड्डा, खुशियों का त्यौहारी,
माँ की ममता और पिता का प्यार,
भाई-बहन की शरारतें, घर में रहती है बार-बार।

घर की दीवारें मेरी गवाह हैं सच्ची,
हर खुशी, हर गम, हर पल की कहानी सच्ची,
घर में रहती है मेरी यादें प्यारी,
मेरे परिवार के साथ, हर पल की बातें सुहानी।

घर में रहती है मेरी जड़ें गहरी,
मेरी परंपरा और संस्कृति की कहानी सुहानी,
घर में रहती है मेरी पहचान सच्ची,
मेरे अस्तित्व का आधार, मेरा घर मेरी जान।

ज्ञान रुपी दीपक गुरु (सायली छंद)

प्रज्ञा आम्बेरकर
(पता :- मुंबई, महाराष्ट्र)

गुरु,
राह दिखाते,
हर अज्ञानी बालक,
ज्ञानी बनाते,
गुरु।

गुरु,
धरा रक्षक,
धर्म की राह,
दिखलाते हैं,
गुरु।

गुरु,
संस्कृति द्योतक,
सभ्यता का दीप,
जलाते हृदय,
गुरु।

गुरु,
सर्वश्रेष्ठ होता,
आमूल परिवर्तन करता,
जब-जब,
गुरु।

क्या लिखूं.....

पूर्णिमा सिंह
(पता :- नागपुर, महाराष्ट्र)

क्या लिखूं उस बात को,
क्या सोचूं उस रात को,
जो तेरे लिए ही तेरे संग बिताई थी ?
हर पल खुशियों से भरा,
हर घड़ी एक सौगात लेकर आई थी।
क्या लिखूं उस बात को,
जो बात मुझे होकर,
तुझ तक आई थी ?
न जाने क्या जादू था कि,
लगती हर चीज पराई थी,
एक बस अपना तू ही लगता,
थी दुनिया सारी बेमानी-सी,
मेरी आँखों में समाई थी ?
सब कुछ अपना देकर,
तेरी हसरतों को पूरा किया,
तेरी एक मुस्कुराहट खातिर,
जाने कैसे ज़हर पिया ?
फिर भी तेरी ही प्रीत,
मेरे मन में समाई थी,
क्या सोचूं क्या बोलूं जो,
तुझमें मेरी रूह समय थी ?
समय कुछ ठहरा....
फिर कुछ यूं बदल गया,
लगा जैसे समय ने ही करवट ली,
और.........
आँसुओं की बदली छाई थी,
वर्षा तो कम बरसती है,
आँसुओं में तो सैलाव ही उतार लाई थी ?

माई क्यों जन्म दिया

पूर्णिमा सिंह
(पता :- नागपुर, महाराष्ट्र)

माई क्यों जन्म दिया,
क्यों इस दुनिया में लाई थी ?
क्यों ना पहले ही,
इस दुनिया की हकीकत,
शक्लो-सूरत और बर्बादी,
मुझे बताई थी ?
तू तो कहती थी,
मुझे देवी माँ-सा पूजा जाएगा ?
पर यह नहीं बताया कि,
मुझे बर्बरता के साथ यूं ही रौंदा जाएगा ?
माँ तूने तो मुझे अपनी लाडली,
सोन-चिरैया......
जाने कितने नाम दिए ?
पर क्या पता था,
आखिर में मेरा ही नाम,
निर्भया और अभया रखा जाएगा ?
माँ मैं जब तक तेरे साए में थी,
न ही किसी की बुरी नजर पड़ी,
न ही किसी ने गंदा हाथ लगाया था ?
पर अपने-पंख खोल,
ज्यों ही मैंने उड़ना चाहा ?
लोगों को क्यों यह रास न आया ?
माँ तेरी इस सोन-चिरैया को,
किसी बाज ने.........
दबोच नोंच खाया था,
माँ तू कहती थी.....
मुझमें, लक्ष्मी,सरस्वती के रूप समाए हैं,
माँ क्या इस धरती पर देवियों को ऐसे ही कुचला जाता है?
उनके अंग-भंग कर उन्हें नग्न-अवस्था में छोड़ मृत्यु के लिए
छोड़ दिया जाता है ?

हद तो तब होती है माँ,
जब अपनी ही बेटी के,
इंसाफ के लिए,
दर-दर भटकाया जाता है ?
कितनी छिंटाकशी के साथ,
बेटी की मौत पर भी,
राजनीति का खेल कराया जाता है?
माँ तू तो कहती थी,
मैं एक बहन,बेटी,पत्नी
न जाने कितने रूपों में,
जग की शोभा बढ़ाऊंगी ?
पर यह न बताया था कि,
यह मेरा तन ही मुझको,
मेरी मौत की राह पर ले आएगा ?
इसको पाने के लिए दरिंदा,
सारी हदें पार कर जाएगा ?
फिर मुझ पर ही.....
आरोप लगा दुनिया को,
आत्महत्या का रूप बतलाएगा ?

माँ क्यों तूने जन्म दिया ?
इस बेरहम-सी दुनिया में,
क्यों ना मुझे मार डाला ?
अपनी ही कोख की उस बगिया में,
माँ तब एक ही गम रहता,
कि मेरी मां ने क्यों न,
यह दुनिया मुझे दिखाई ?
पर अब सोचती हूं कि,
ऐसी दुनिया क्या देखूं ?
जिसमें मेरी ही मौत पर मेरी ही माँ,
मेरी सूरत देखने को तरस गई ?
मेरा क्षत-विक्षत तन देखकर,
उसकी ही रूह कांप गई ?
माँ तूने भी तो सोचा होगा,
क्यों जन्म दिया इस अभागी को ?
पर माँ मेरी गलती क्या है ?
यह मैं न समझ पाई ?
कि तूने बेटी को जन्म दिया,
या लड़की -रूप में ही कमजोरी,
उस ईश्वर ने बनाई ?
या वहशी दरिंदों की चाहत ही,
पूरी करने हूँ मैं आई ?
माँ मेरी चाहत बहुत ही छोटी थी,
बस तेरा आँचल चाहा था,
तेरे जैसा ही बनना था,
पर यह क्या माँ,
मैं तो एक केस और एक संज्ञा बन गई ?
दुनिया जिसे दिन भर देखे,
ऐसी खबर बन गई?
माँ- बापू का नाम इस जग में रोशन करना और उसे सुनना था,
इस तरह से हर घर में टीवी चैनलों पर नहीं आना था ?
माँ मेरी ही मौत मुझे एक और ऐसी मौत दे गई,
के मेरी रूह ऐसी थर-थर कांपी,
जाने कहाँ विलीन हो गई ?
माँ अब न लाना ऐसी दुनिया में ,
ये दुनिया मुझे रास न आई,
हर युग की यही कहानी,
नारी के बस नाम हैं बदले,
पर उनकी किस्मत न बदलने पाई?
बस उनकी किस्मत न बदलने पाई?

नमन उस धरती को

डॉ० ओमप्रकाश द्विवेदी 'ओम'
(पता :- पडरौना, कुशीनगर, उ.प्र.)

जहाँ का बच्चा- बच्चा,
गाता बलिदानी गाथा को,
आओ हम नमन करें,
इस मिट्टी भारत माता को ।
है बारम्बार नमन इस धरती को,
वन्दे मातरम्! वन्दे मातरम्!
जहाँ की मिट्टी मे जन्मे,
महाराणा प्रताप महान है ,
वीर शिवाजी की गाथा,
है जन-जन की जुबान में ।
है बारम्बार नमन इस धरती को,
वन्दे मातरम् ! वन्दे मातरम्!
जो ऋषि मुनियों की तपोस्थली है,
देव-नियन्ता जहान- जहाँ,
है बारम्बार नमन इस धरती को,
वन्दे मातरम्! वन्दे मातरम्!
जहाँ की विजय-पताका डाल-डाल पर,
एका पंछी करती बसेरा,
चहचहा मधुर प्रीत का गीत नित सुनाती है,
है बारम्बार नमन इस धरती को,
वन्दे मातरम्! वन्दे मातरम्!
यह मिट्टी विश्वगुरु महान कहलाती है,
सर्व-संसृति सन्देश पाठ प्रेम का पढाती है।
है बारम्बार नमन इस धरती को,
वन्दे मातरम्! वन्दे मातरम्!
भारत की मिट्टी मे जन्मे सपूत महान हैं,
सीमा की रक्षा मे रहते भारत-पूत महान हैं
है बारम्बार नमन इस धरती को,,
वन्दे मातरम्! वन्दे मातरम्!
भारत भूमि माता समस्त हिंद की,
माता जननी-धारित्री महान है,
आओ मिलकर तिलक लगायें,
है बारम्बार नमन इस धरती को,
वन्दे मातरम्! वन्दे मातरम्!!

गोता अर्थ लगाय

डॉ० ओमप्रकाश
द्विवेदी 'ओम'
(पता :- पडरौना,
कुशीनगर, उ.प्र.)

अर्थ समाहित शब्द में,ढूंढ़ो भावहि लेय।
चाहे वह भगवान में, मनह भाव में लेय।।१।।
जीवन भी इक शब्द है, जीवन संगत आय।
तब जीवन अर्थ पाये, सार भार सह पाय।।२।।
जीवन मे जब झाकिहो, तब वही अर्थ पाय।
जीवन मे डुबते चलो , तब सार ही पाय।। ३।।
जीवन रिश्ता सह लिए, सह सम्बन्ध का रूप।
जीवन संचालित सखे, सखा सखी के रूप।।४।।
अर्थ ही पाय डूब कर, गोता अर्थ लगाय।
तब पाओगे सार सब, जिसको हेरत जाय।।५।।

भारतीय संस्कृति

जिससे जिसकी सन्तुष्टि हो, उससे भय ना करे।
आत्म बोध जहाँ मिले, उससे भय ना करे ।। १ ।।
जो आत्म-बोध पथ दे, उस पर चलन श्रेयस्कर ।
बाधा अनेकहि आवे, सुपथ चलना हितकर ।। २ ।।
पशुओं पर दया भाव रहे, दृष्टि सतर्क रखी कर।
दीन व हीन कृपा रहे, भय पशु से नहीं कर ।। ३ ।।
यह देश राम कृष्ण का, बुद्ध जैनी रहते ।
भारत संस्कृति का ले भा, सेवा भाव रखते ।। ४ ।।
ऐसी सहिष्णु संस्कृति का, जग मे मान रखते।
यतो यत समीहसे का, मन्त्र ले ही चलते।। ५ ।।

डॉ० ओमप्रकाश
द्विवेदी 'ओम'
(पता :- पडरौना,
कुशीनगर, उ.प्र.)

पहाड़ी जीवन

दिवांशु
(पता :- पंचकूला, हरियाणा)

पहाड़ों में रहने का मज़ा ही कुछ और है,
हरी-भरी हरियाली कुछ पक्षियों का शोर हैं।
सनन-सनन ठंडी हवाएँ,
झर-झर बहते झरने का शोर है,
पहाड़ो में रहने का मज़ा ही कुछ और है।

माना जीवन थोड़ा कठिन है यहाँ का,
फिर भी दुनिया करती है वर्णन यहाँ का,
क्योंकि वातावरण ही ऐसा हैं यहाँ का,
जो जीत लेता है दिल जहां का।

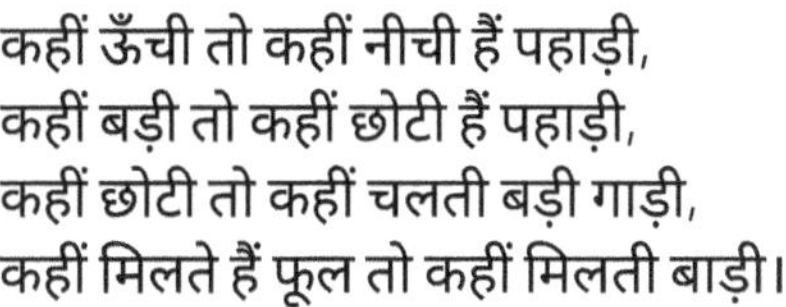

कहीं ऊँची तो कहीं नीची हैं पहाड़ी,
कहीं बड़ी तो कहीं छोटी हैं पहाड़ी,
कहीं छोटी तो कहीं चलती बड़ी गाड़ी,
कहीं मिलते हैं फूल तो कहीं मिलती बाड़ी।

झड़ जाती हैं गेहूँ, जब हवा तेज होती है,
ढह जाते हैं पहाड़ जब वर्षा तेज होती है,
मुरझा जाते हैं फूल जब धूप तेज होती है,
इसलिए पहाड़ों की बात ही कुछ और होती है।

आती है जब शीत ऋतु,
तो कोहरा छा जाता है,
दूर- दूर तक पहाड़ों में कुछ नजर न आता है,
सावन में सम्पूर्ण पहाड हरा-भरा हो जाता है,
यही नजारा लोगों को पहाड़ो की ओर खींच लाता हैं।

आईना

जगत पाल
(पता :- मनीमाजरा, चण्डीगढ़)

दाढ़ी के सफ़ेद बाल इशारा कर रहे हैं,
दिन उम्र के धीरे-धीरे ढल रहें हैं ।
फिर सोचता हूँ
क्यों न इन्हें रंग लिया जाए ?
उम्र के इस पड़ाव को कुछ कम कर लिया जाए।
मगर ये रंग भी कहाँ ज्यादा दिन टिकता है !
थोड़े दिनों बाद पहले जैसा ही दिखता है।
लुका-छिपी के इस खेल में,
मैं खुद को खुद से ही छिपा रहा हूँ,
आईने के सामने खड़े होकर
आईने को आँख दिखा रहा हूँ ।

खोने का डर

जगत पाल
(पता :- मनीमाजरा, चण्डीगढ़)

कहीं खो न दूं तुम्हें,
इस डर में खुद कहीं खो गया हूँ मैं ।
तुम्हें अपना बनाने की चाह में,
अपनों से दूर हो गया हूँ मैं ।
और कितना इम्तिहान
लेना बाकी है मेरी चाहत का ?
बचा ही क्या है अब मेरे पास ?
हर किसी के लिए बेगाना जो हो गया हूँ मैं ।
अब तो बस ये जान बची है,
कमबख्त साँसों की डोर भी तुझमें फंसी है,
छोड़ने का नाम ही नहीं ले रही,
वरना हमारी कब्र तो कब की खुदी पड़ी है ।

शेरे हिंदुस्तान

मेरा भारत देश महान मेरा भारत देश महान।
जिसने अंग्रेजों को धूल चटाई वो है शेरे हिंदुस्तान ।।

अबरार अहमद खान एडवोकेट
(पता :- प्रतापगढ़, उत्तर प्रदेश)

वो हैं टीपू सुल्तान शेरे हिंदुस्तान ।।
मेरा भारत देश महान मेरा भारत देश महान ।।

धरती मां पर वीर सपूतों का है बलिदान ।
वो हैं शेरे हिंदुस्तान वो हैं शेरे हिंदुस्तान ।।
मेरा भारत देश महान मेरा भारत देश महान ।।

वीर अब्दुल हमीद ने जब खुद से टैंक उड़ाया था ।
उड़ा परखचा जिस मुल्क का वो है जलता पाकिस्तान ।

वो हैं शेरे हिंदुस्तान वो हैं शेरे हिंदुस्तान ।
मेरा भारत देश महान मेरा भारत देश महान ।।

छुआछूत भेद भाव मिटाना मकसद कलम उठाना था ।
सर उठाकर जीने का अधिकार दिलाया संविधान ।।

हैं बाबा शेरे हिंदुस्तान वो हैं शेरे हिंदुस्तान ।
मेरा भारत देश महान मेरा भारत देश महान ।।

दिल की चाहत

अबरार अहमद खान एडवोकेट
(पता :- प्रतापगढ़, उत्तर प्रदेश)

तुम्हारी सोच है अच्छी, तो तुम मंजिल को पाओगे ।
अगर है दिल तेरा गंदा, तो ठोकर लाख खाओगे ।।

ये उलझे हैं सभी लेकिन, तभी आपस में बिखरे हैं ।
बढ़ाओ हाथ, मिलाओ दिल, हर लम्हा मुस्कुराओगे ।।

कसम खाकर मैं कहता हूँ, कोई शिकवा नहीं तुझसे ।
मिटाकर दिल के सारे गम, मुझे कब तक बुलाओगे ।।

मै बैठा हूँ तेरी चाहत में, दिल को थाम कर अब तक ।
घुटन-सी हो रही है अब, मुझे कब तक रुलाओगे ।।

तुम्हारी सोच है अच्छी...
अगर है दिल तेरा...

मासूम दिल

डॉ० गोरधन जाटव
(पता :- लक्ष्मी नगर, शाजापुर, म.प्र.)

मासूम ये दिल, सदा नादान,
हर हँसी में ढूंढे अपना जहान।
थोड़ी-सी मुस्कान, कुछ लम्हें प्यार के,
बस समझे वही सच्चे संसार के।।

किसी ने दिया थोड़ा-सा स्नेह,
इस दिल ने समझा, वो सदा अपना रहे।
धड़कनों में बसा लिया उसका नाम,
समझ न पाया ये दिल, शातिरों का काम।।

फिर आया वो दिन, जब छूट गया हाथ,
छूटे नहीं मगर दिल से उसकी याद।
वो चला गया, दिल को तोड़कर,
और ये मासूम दिल रह गया तड़पकर।

आँखें पूछती हैं क्यों ऐसा हुआ,
क्यों वफ़ा करने वाला, बेवफा हुआ?
पर दिल के सवालों का जवाब कौन दे,
जो मासूम थे, वही आज महफिल में तन्हा खड़े।

अब हर धड़कन में उसकी खामोशी है,
हर लम्हा बस उसकी यादों की मदहोशी है।
पर ये दिल फिर भी मासूम रहेगा,
फिर किसी झूठे प्यार पर, हँसकर रो पड़ेगा।

गौरी के लाला गणपति बप्पा शिवनंदन

लतेलिन "लता" प्रधान
(पता :- चांपा, जांजगीर, छत्तीसगढ़)

मेरे घर पधारो गजानन ।
सारा जगत करें अभिनंदन ।।
हाथ जोड़कर करूँ वंदन ।
जयकारा गूँजे धरती गगन ।।
गौरी के लाला गणपति बप्पा शिवनंदन...1

सोहे मस्तक मुकुट और तिलक चंदन ।
पाँव पायल, हाथ में सोहे रत्न कंगन ।।
धूप,दीप, पान, सुपारी, रोली, कुमकुम,
हरी दुर्बा चढ़ा कर करूँ अर्चन ।
लगाऊँ भोग लड्डू, मोदक, मेवा,
स्वीकार करो देवा शुभगुणकानन ।।
गौरी के लाल गणपति बप्पा शिवनंदन...2

उदर भारी, मूषक सवारी ।
तीनों लोकों के भ्रमणकारी ।।
प्रथम पूजे दुनियां सारी ।
सुनो विनय विघ्न विनाशन वक्रतुंड मंगल कारी ।।
गौरी के लाल गणपति बप्पा शिवनंदन...3

यश, बुद्धि, ज्ञान, कीर्ति के स्वामी ।
काज संवारे अवनीश हमारी ।।
हो तुम मुक्तिदायी शशिवर्णम अंतर्यामी ।
करो सहायी प्रभु वरद विनायक गदाधारी ।।
गौरी के लाल गणपति बप्पा शिवनंदन...4

बेटियाँ

लतेलिन "लता" प्रधान
(पता :- चांपा, जांजगीर, छत्तीसगढ़)

ईश्वर का दिया एक खूबसूरत वरदान बेटियाँ।
खिलखिलाते आँगन की पहचान,
घर-परिवार की मुस्कान बेटियाँ।
माता-पिता के घर में मेहमान,
ईश्वर का दिया एक खूबसूरत वरदान बेटियाँ।।

दो आँगन की अरमान,
मायका में माता-पिता की जान बेटियाँ।
ससुराल में सास-ससुर का सम्मान,
एक पेड़ नहीं पूरी बागवान बेटियाँ।
ईश्वर का दिया एक खूबसूरत वरदान बेटियाँ।।

माँ की सबसे सुंदर सहेली,
ससुराल में हर रिश्ते की पहेली बेटियाँ।
चाँद-सी शीतल, कमल-सी कोमल,
पल में हँसती, पल में रोती बेटियाँ।
ईश्वर का दिया एक खूबसूरत वरदान बेटियाँ।।

आँगन की परी,
चलती तो फूल खिलाती,
हँसती तो मोती गिराती बेटियाँ।
तितलियों-सी मचलती,
पलकें उठाती तो आसमां झुकाती बेटियाँ।
ईश्वर का दिया एक खूबसूरत वरदान बेटियाँ।।

लक्ष्मी, दुर्गा, अन्नपूर्णा बेटियाँ।
सुख, शांति, शहनशील, समृद्धि, सादगी की माला,
दुष्टों का संहारक काली, चंडी, ज्वाला बेटियाँ।
मायका में शेरनी-सी दहाड़ती,
ससुराल में सहमी-सी रहती बेटियाँ।
ईश्वर का दिया एक खूबसूरत वरदान बेटियाँ।।

नारी अस्मिता

हे! कान्हा कृष्ण मुरारी तुम ,
मेरी टेर सुनो अब गिरधारी ।
तेरी सृष्टि पर कष्ट पड़ा है,
है कंस बहुत अत्याचारी ।।

दुर्दशा गोपियों की सारी,
कर रहा कंस अत्याचारी ।
आ जाओ सुदर्शन के धारी,
हो जीवन सब मंगलकारी ।
हे! कान्हा कृष्ण मुरारी तुम ,
मेरी टेर सुनो अब गिरधारी ।।

अब रहें सुरक्षित गोपी सब,
जब आप करो पहरेदारी ।
अब आओ न्याय दिला जाओ,
अब विनय यही मुरलीधारी ।
हे! कान्हा कृष्ण मुरारी तुम ,
मेरी टेर सुनो अब गिरधारी ।।

तेरी माला के हित फूल लेन,
कैसे हम जायें फुलवारी ।
अब माला कैसे बनाएँ हम,
डर सबको बहुत है बनवारी ।
हे! कान्हा कृष्ण मुरारी तुम ,
मेरी टेर सुनो अब गिरधारी ।।

अब होता चीर हरण निशि दिन,
गोपी अब व्याकुल हैं भारी ।
अब चीर बचा लो नारी की,
हे! मोहन नटवर गिरधारी ।

लतेलिन "लता" प्रधान
(पता :- चांपा, जांजगीर,
छत्तीसगढ़)

हे! कान्हा कृष्ण मुरारी तुम ,
मेरी टेर सुनो अब गिरधारी ।।

जब मुझको लाए धरती पर,
तब बनती कुछ जिम्मेदारी ।
कान्हा! जो करते बलात्कार,
बच पायें नहीं अत्याचारी ।
हे! कान्हा कृष्ण मुरारी तुम ,
मेरी टेर सुनो अब गिरधारी ।।

क्या लाया क्या ले जाएगा

लतेलिन "लता" प्रधान
(पता :- चांपा, जांजगीर, छत्तीसगढ़)

मुट्ठी बाँध भर लाएं हम,
हाथ पसार कर जाना है।
भाई, बंधु, रिश्ते, नाते साथ ले आएं।
ईश्वर हैं माता-पिता जिनसे जन्म पाएं हम।

इतना काहे को घबराए हम,
झूठ-कपट दूर कर सत्कर्म अपनाना है।
मीठे बोली का पेड़ लगाएं ,
जग में अलख प्यार पाएं हम ।।

भौतिक सुख शांति साथ नहीं ले जाएँगे हम,
इंसान है हम इंसानियत जगाना है ।
सौभाग्य से इंसान जन्म पाए,
विधि का विधान है जैसे करते जायेंगे,
वैसे फल पायेंगे हम ।

क्यों भूल जातें हैं हम?
वापस वहीं जाना है ।
बचपन से जवानी,
जवानी बुढ़ापा ले कर आए।
कर्म अच्छा साथ जाएं ,
बाकी सब यहीं छोड़ जाए हम।।

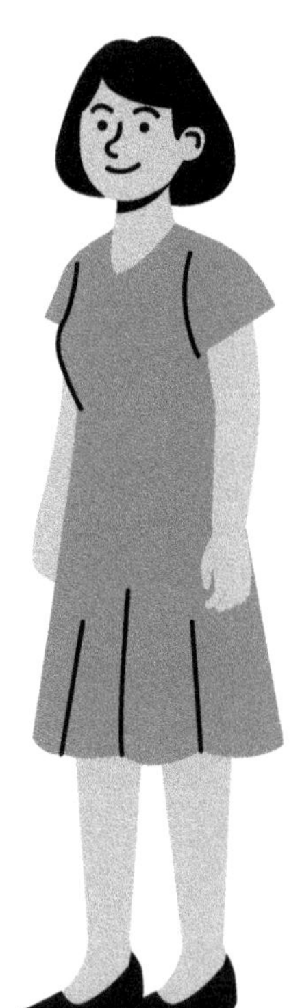

स्नेह का बंधन है राखी अलौकिक

लतेलिन "लता" प्रधान
(पता :- चांपा, जांजगीर, छत्तीसगढ़)

प्रेम है दोनों की पावन पूजा,
घर को स्वर्ग बनाए रहें हैं ।
थाल सजा दिया जला कर,
चंदन चौंकी बैठाए रहीं हैं ।
भाई का कलाई में बाँध रेशम डोरी,
बहना कुमकुम तिलक लगाए रहीं हैं।
भाई की आरती उतारे रहीं हैं,
भाई सुरक्षा उपहार दिलाए रहें हैं ।
भाई-बहन का रिश्ता है ऐसा,
स्नेह का बंधन है राखी अलौकिक ।।

भाई को बहना पीहर से अपना,
अपने घर बुलाए रहीं हैं ।
भाई को देख बहना ने,
लोटा भर पानी लाए रहीं हैं ।
भाई आए बहना के घर,
हर्षित हुए दोनों आपार ।
भाई-बहन का प्रीति है ऐसी,
दोनों नयन छलकाय रहें हैं ।
भाई-बहन का रिश्ता है ऐसा,
स्नेह का बंधन है राखी अलौकिक ।।

भोर भए ते साँझ ढले तक,
बहना रास्ता निहारे रहीं हैं ।
बहना की याद कर भाई भी,
छुप-छुप अश्रु बहाए रहें हैं ।
भाई का विरह सह न जाए,
रह रह कर बहना आँगन में आए ।
भाई का कलाई याद कर,
बहना निर्झर अश्रु बहाए रहीं हैं ।
भाई-बहन का रिश्ता है ऐसा,
स्नेह का बंधन है राखी अलौकिक ।।

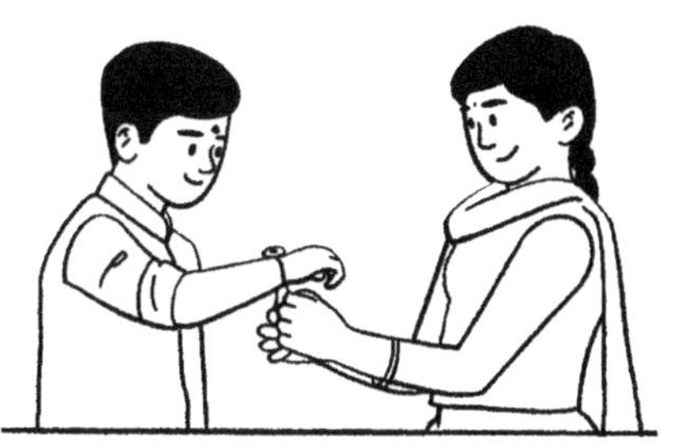

साहित्यकार कोई यूँ ही नहीं बन जाता है

लतेलिन "लता" प्रधान
(पता :- चांपा, जांजगीर, छत्तीसगढ़)

अक्षर अक्षर को जोड़ना पड़ता है।
तोड़ मरोड़ कर घटा ना पड़ता है।
कलम को साधना पड़ता है।
कभी-कभी सोच-सोच कर,
पूरे दिन को बिताना पड़ता है।
साहित्यकार कोई यूँ ही नहीं बन जाता है।।

बड़े भाग्य से इंसान बनता है।
परम सौभाग्य से साहित्यकार बनता है।
यह समाज का दर्पण होता है।
सही-गलत का पहचान कराता है।
साहित्यकार कोई यूँ ही नहीं बन जाता है।।

अकेले में ही खो जाना होता है।
अकेले में ही हजारों का मजा आने लगता है।
भावनाओं को कागजों में उकेरना होता है।
तभी कोई रचना बन पाता है।
साहित्यकार कोई यूँ ही नहीं बन जाता है।।

शब्दों का समंदर बनाना पड़ता है।
आसमान की ओर देखते रहना होता है।
अकेले में ही हँसना-मुस्कुराना होता है।
अकेले वीरह की भावनाओं में खो जाना पड़ता है
साहित्यकार कोई यूँ ही नहीं बन जाता है।।

पिता की पुकार

डॉ० सुरेश लाल श्रीवास्तव
(पता :- अम्बेडकरनगर,
उत्तर प्रदेश)

करो शुभ कर्म तुम ऐसा,
अमिट इतिहास बन जाए।
तुम्हारे ज्ञान ज्योति से,
तमस अज्ञान मिट जाए।
विभूषित लोक को करना,
रहे निज लक्ष्य जीवन का।
बदौलत नेक कर्मों से,
अमर यश काय हो जाए।।

बहुत अनमोल जीवन है,
इसे मत व्यर्थ तुम करना।
विचारों और कर्मों से,
लोकहित राह पर चलना।
तुम्हारे कर्म की प्रभुता,
सजाए ज़िन्दगी तेरी।
मुसाफ़िर शान भारत के,
वतन पर जाँ फ़िदा करना।।

लाल तुम भाल भारत के,
बुराई से सदा लड़ना।
हो दुर्गम रास्ता फिर भी,
कभी पीछे नहीं हटना।
सुनो लख्ते ज़िगर तुमसे,
यही इच्छा हमारी है।
कभी इन्सानियत पथ से,
कदम पीछे नहीं करना।।

प्रार्थना

डॉ० सुरेश लाल श्रीवास्तव
(पता :- अम्बेडकरनगर,
उत्तर प्रदेश)

प्रभुवर तेरी है प्रभुता, सारे जहान में।
रहते हो स्वांस रूप में, हर जीव जान में।
है तुम्हीं से लोक की,काया सकल माया।
जपते हैं लोग नाम बहु, तेरे बखान में।।

इन्सान को सन्मार्ग का,भगवान ज्ञान दो।
सच्चे गुणों के योग का,महिमान भान दो।
नित नेकियों की राह पर,मानव सदा चले।
इस लोक के इन्सान को,प्रभु ज्ञानमान दो।।

इन्सान का इन्सान से, भ्रातृत्व भाव हो।
भू-लोक के परिधान से, बहु प्रेमभाव हो।
मानव के प्रकृति प्रेम से,धरती सजी रहे।
हर व्यक्ति के अन्दर सदा,सद्कर्म भाव हो।।

मज़हब हो कोई भाषा, या रूप रंग हो।
इन्सान की प्रियता मगर, ईमान संग हो।
आपस में बैर भाव न नफ़रत कोई करे।
इन्सानियत का भाव ही,जीवन प्रसंग हो।।

जीवन कर्म

डॉ० सुरेश लाल श्रीवास्तव
(पता :- अम्बेडकरनगर,
उत्तर प्रदेश)

जाना सबको पड़ेगा जहाँ छोड़कर।
सारी हस्ती से अपने मुख मोड़कर।
बँधना सबको पड़े मृत्यु के पाश में।
बच न पाया कोई भी इसे तोड़कर।।

एक जैसा नहीं सबका जीवन सफ़र।
कोई सुखशील है कोई दुःख के डगर।
बीते जीवन सभी के अलग ही अलग।
तन किसी का नहीं है यहाँ पर अमर।।

मौत तुमको गले से लगाएगी जब।
काम तरक़ीब कोई न आएगी तब।
पास दौलत खज़ाने का भण्डार हो।
मौत के जंग में हार जाएँगे सब।।

नेक कर्मों से शुभ कीर्ति सबको मिले।
ज़िन्दगी सारे जन की इसी से खिले।
कर्म अनुरूप जीवन की पहचान हो।
बाद जाने के जिससे अमरता मिले।।

ज़िन्दगी पथ कोई लोकहित दौड़ता।
लोक जीवन में कोई ज़हर घोलता।
कर्म अच्छा बुरा जो भी जैसा करे।
उसके अनुसार परिणाम वह भोगता।।

आज तुम हो जहाँ कल कोई था वहाँ।
क्या पता है तुम्हें कल रहोगे कहाँ?
कर्म जैसा करे जो भी इस लोक में।
मान वैसा ही उसको मिले इस जहाँ।।

कर्म फल

डॉ० सुरेश लाल श्रीवास्तव
(पता :- अम्बेडकरनगर,
उत्तर प्रदेश)

छिनतीं खुशियाँ जब जीवन से,
दुःख अपना रंग दिखाता है।
करनी - भरनी के पाठों से,
जीवन को सबक सिखाता है।
बतलाए हमको वक्त यही,
शुभ-अशुभ कर्म की देनी को।
अनुरूप कर्म के लोगों को,
फल देता सदा विधाता है।।

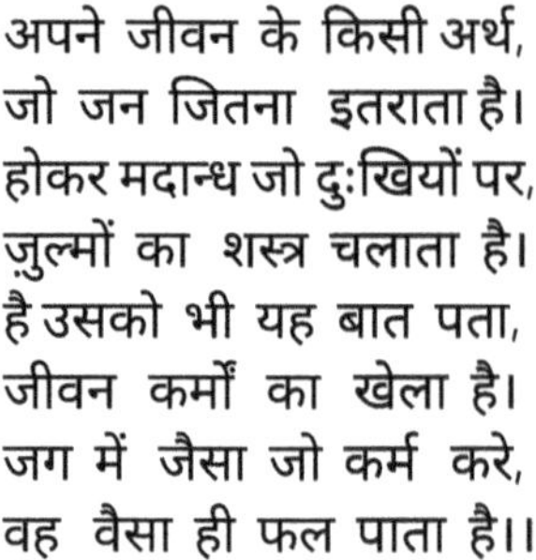

अपने जीवन के किसी अर्थ,
जो जन जितना इतराता है।
होकर मदान्ध जो दुःखियों पर,
ज़ुल्मों का शस्त्र चलाता है।
है उसको भी यह बात पता,
जीवन कर्मों का खेला है।
जग में जैसा जो कर्म करे,
वह वैसा ही फल पाता है।।

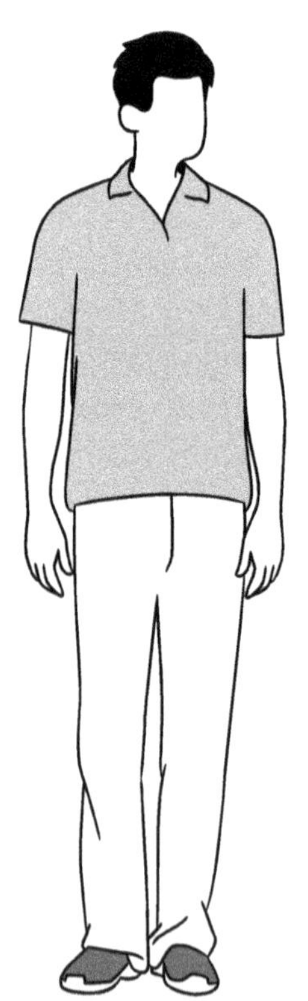

वह धन दौलत किस अर्थ अहो,
जिसका सुखमय उपभोग न हो।
सुख मिले न जिससे जीवन भर,
तन - मन तनाव से बोझिल हो।
सुख-दुःख जीवन के दिवा तमी,
व्यक्तित्व विभूषित हैं करते।
इतिहास रचो तुम इनके बल,
महिमायित जीवन जिससे हो।।

मानव और प्रकृति

डॉ० सुरेश लाल श्रीवास्तव
(पता :- अम्बेडकरनगर,
उत्तर प्रदेश)

ले जीवन जिसकी गोदी में,
मानव ने ज्ञान विकास किया।
पालित पोषित रक्षित होकर,
निज जीवन का उत्थान किया।
सुखमय उसको परिवेश मिला
जिस धरती के उपहारों से।
उसकी सेवा रक्षा हित में,
जिसने जीवन का दान किया।।

अनिलानल जल अरु गगन धरा,
जब हृदय भाव से पूजित थे।
ये जीव जगत के मूल स्रोत,
तब किंचित भी नहि दूषित थे।
पट भोजन अम्बर वारि सकल,
जन जीवन हित वरदान रहे।
धरती अम्बर की देख छटा,
जन मन बहु होते हर्षित थे।।

सहयोग त्याग अरु प्रेम दया,
जो पहले पावन पूँजी थी।
जिनके बलबूते जीवन को,
जीने की राहें सूझी थी।
जिन पर चलकर मानव जीवन,
भूमण्डल पर महिमान हुआ।
निज ज्ञान बुद्धि बल विद्या से,
जन की बढ़ चली कहानी थी।

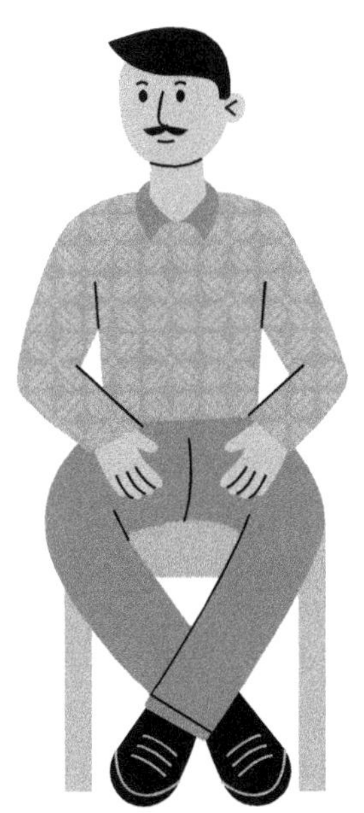

मेरा दोस्त बड़ा दिलवाला

सतपाल चौहान
(पता :- लाखनमाजरा, हरियाणा)

कसम खाता है क्या कोई?
दोस्ती के पाक नाम की,
मैं बातें करता हूं सिर्फ ,
अपने दोस्त के इमान की।
हो जाता हूं मैं गर्व वाला।
मेरा दोस्त बड़ा दिलवाला।।

तख्त ताज तक क्या चीज,
उसके आगे सब फीका,
मेरे दिल पर नाम लिखा है,
सबसे पहले उसी का।
वह है मेरी चाबी का ताला।
मेरा दोस्त बड़ा दिलवाला।।

दुख जब मुझ पर आता,
मेरा दोस्त आगे अड़ जाता,
रख देता कंधे पर हाथ ,
प्यार से मुझको सहलाता।
बन जाता है मेरा रखवाला।
मेरा दोस्त बड़ा दिलवाला।।

दो जिस्म एक जान यह सब,
होती है कहने की बात,
मेरा दोस्त मेरे दुख में ,
कर देता है एक दिन रात।
मैं हूं बड़ा किस्मत वाला।
मेरा दोस्त बड़ा दिलवाला।।

बचपन के हैं हम साथी ,
जैसे होते दीपक और बाती
बात दिल से जुबां पर आ जाए,
है सच्ची कहलाती।
पिलाया मधुकर का प्याला।
मेरा दोस्त बड़ा दिलवाला।।

घर अंगना वीरान हो गया

सतपाल चौहान
(पता :- लाखनमाजरा,
हरियाणा)

जिस घर में मां बाप का नहीं साया,
समझो वह जहां सुनसान हो गया,
घर अंगना विरान हो गया.....

सुबह उठ अंगना मां साफ करती थी,
आज वह अंगना ही बदहाल हो गया,
घर अंगना वीरान हो गया.........

सुबह पिता पिलाता चाय का प्याला,
आज वह प्याला ही गुमनाम हो गया,
घर अंगना वीरान हो गया......

मां का प्यार- दुलार, पिता का आशीष
पा पास जिंदगी का इम्तिहान हो गया,
घर अंगना वीरान हो गया.......

माता जी की नरमी पिताजी की गरमी,
पाकर मैं नादान मालामाल हो गया,
घर अंगना वीरान हो गया.......

जिस पेड़ पर बैठ पंछी चहचहाते थे,
वह पेड़ भी बदहाल निढाल हो गया,
घर अंगना वीरान हो गया........

सतपाल क्या होते हैं सब सत्य सपने,
छोड़ बचपना अब तो तू जवान हो गया,
घर अंगना वीरान हो गया........

दुर्घटनाओं के पीछे जन मानस में क्रांति हो...

सतपाल चौहान
(पता :- लाखनमाजरा, हरियाणा)

मासूमों को ठूंस -ठूंस कर स्कूलों में ले जाते हैं ,
ऐसे हादसे हो जाते हैं काल का ग्रास बन जाते हैं ।

सिर्फ पैसा और पैसा यही तो सारा नाच नचाता है ,
मासूमों का मांस नोच नोच कर क्या इंसान खाता है ?

कहां की इंसानियत है जब इंसान ही गीद्ध बन गया ,
सिर्फ पैसे के खातिर वह हत्यारा बच्चों का बन गया ।

इसका एक ताजा उदाहरण कनीना का हादसा है ,
आठ मासूमों की चिताएं जली इसमें भी लालसा है।

क्या ये मासूम बच्चे मिल पाएंगे कभी अपनों से ,
मां बाप के लिए खुद के बच्चे हो गए हैं सपने से ।

भाई की सूनी कलाई पर अब बांधे कौन राखी ,
बहन भी इंतजार करेगी भाई बिन कौन साथी ।

मां दहाड़े मार रोवै पीट-पीट सूनी अपनी छाती ,
पिता भी रो रहा दुबककर कोने में मासूम भांति ।

आशाओं की माला टूट गई कोई मोती रहा नहीं ,
उजड़ गया चमन बहार का कोई फूल रहा नहीं ।

सरकारों को भी इन पर सख्त कानून बनाने चाहिए ,
इन जल्लादो के गले में फांसी का फंदा लगाना चाहिए ।

सतपाल फरियाद कर बच्चों की आत्मा को शांति हो ,
ऐसी दुर्घटनाओं के पीछे जन मानस में एक क्रांति हो ।

बेटियाँ अमृत की बूँद...

सतपाल चौहान
(पता :- लाखनमाजरा,
हरियाणा)

पैदाइश हुई मेरी बेटी की ,मन में उठी हल्की सी तरंग ,
खुशी से झनझनाहट हुई, जैसे फूलों पर डोले भृंग ।
हृदय में एक लहर उठी ,मानो नभ में उड़ती पतंग ,
जन्नत जैसी खुशी मिली, ज्यूं मस्ती में बजे मृदंग ।।
आँखें रही थी मूँद। बेटियाँ अमृत की बूँद.........

जिम्मेवार पिता बना मैं, था अल्हड़ मस्त मस्ताना ,
बदल गई जिंदगी मेरी, बदला-बदला लगा जमाना ।
कानों में गूंजी किलकारी , जब परी का हुआ आना ,
झूम उठा था तन मन मेरा, रागी गाए ज्यूं कोई गाना ।।
छठ गई थी धुंध । बेटियाँ अमृत की बूँद.......

प्रसूता पत्नी ने निज नैनों से , करी जब मुझसे बात ,
भाव विभोर नैना नीर बहा , हुआ सब कंपित गात ।
अजब गजब की छटा थी,सरसराहट से हिलते पात ,
ज्येष्ठ महीने के मौसम में, हो रही ज्यूं सिसरती बरसात।
नयन गई थी चूंध। बेटियाँ अमृत की बूँद.......

रोते बेटियों की पैदाइश पर , उनके जीवन को धिक्कार ,
इन बेटियों से ही जग सारा,घर में भरे खुशियों के भंडार ।
जो गर्भ में मारते नवजातों को, दंडित करें उनको सरकार ,
लख लाहनता दे सत् पालक , होवै दशा ज्यूं नैया मझदार।।
गला जाए उनका रूंध। बेटियाँ अमृत की बूँद.......

चूहे की बारात चली

सतपाल चौहान
(पता :- लाखनमाजरा, हरियाणा)

चूहे की बारात चली है,चूहे की बारात चली ।

चूहे ने पहनी शेरवानी, हाथ में शंटी उठाई है ।
आँखों में लगाकर काजल, मूछों पर ताव लगाई है ।।
जंगल में लग रही लड़ी।
चूहे की बारात चली है, चूहे की बारात चली ।

हाथी राजा सूंड हिला कर , फूलों की बरसात करें ।
काला भालू बैंड बजा कर , उछल-उछलकर नाच करें ।।
आज चुहिया रानी लगे परी ।
चूहे की बारात चली है , चूहे की बारात चली ।

घोड़े, गेंडे, और सियार,बंदरों की भी है भरमार ,
पहनकर रंग-बिरंगे कपड़े ,पायजामा पहना चूड़ीदार ।
बारात जाकर हुई खड़ी ।।
चूहे की बारात चली है चूहे की बारात चली ।

जब चूहिया के हुए फेरे , मेंढकियां खडी दुल्हन को घेरे ,
आशीर्वाद पशु-पक्षी दे रहे , मिलकर सबने फूल बिखेरे ।
बारात रात को वापस मुड़ी।।
चूहे की बारात चली है चूहे की बारात चली ।

सफ़र बाकी है

चंचल
(पता :- पंचकूला, हरियाणा)

मिल गए हैं कारवाँ ,
मगर मंजिल मिलना बाकी है...।
चल पड़े हैं डगर पर,
मगर मीलों चलना बाकी है..।।
उतारी है अपनी नौका,
मगर तूफानों से गुजरना बाकी है..।
क्यों थक गया तू अभी से,
अभी तो सफ़र बहुत बाकी हैं..,
क्यों थक गया तू अभी से,
अभी तो सफ़र बहुत बाकी हैं..।।

माना, नहीं है आसान ये डगर,
लेकिन मेहनत के बाद,
मंजिल भी तुम्हारी होगी...।
होगा ये सफ़र लम्बा बहुत,
लेकिन मंजिल की ख़ुशी भी,
तुम्हारी होगी...।।
अगर है साहस...?
नौका पार लगाने का ,
कदम बढ़ा अपने सफ़र की तरफ...।
क्यों थक गया तू अभी से ?
अभी तो सफ़र बहुत बाकी हैं..।
क्यों थक गया तू अभी से ?
अभी तो सफ़र बहुत बाकी है..।।

हँसते ज़ख्म

मंदार गांगल "मानस"
(पता :- सांगली, महाराष्ट्र)

वक्त के साथ कभी पीछे जाता रहा,
हँसते हुए जख्मों को कुरेदता रहा,
कुछ ज़ख्म तो थे ऊपर-ऊपर के,
कुछ जख्मों को नीचे से लाता रहा ।।१।।

बेमालूम-सी जिंदगी के गीत गाता रहा ,
कुछ ने गम दिया कुछ साथ हँसता रहा,
दिल की गहराइयों का घाव भरता रहा,
कुछ हँसते ज़ख्मों का घाव निभाता रहा ।।२।।

बार-बार पटरी पे दिल को लाता रहा,
दिल वही हँसते ज़ख्मों को गाता रहा,
बेवफ़ा वो थी या मैं ये ढूंढता रहा,
अपने ही ज़ख्मों को हँसके टालता रहा ।।३।।

हसीन पलों की याद में बसता रहा,
कमबख़्त पल ही मुझ पे हँसता रहा,
हँसते ज़ख्मों को मैं सिर्फ देखता रहा,
मालूम नहीं मुझ पे वो हावी होता रहा ।।४।।

बस रात जानती है

मंदार गांगल "मानस"
(पता :- सांगली, महाराष्ट्र)

यह बस कुछ राज़ ही है,
जो बस रात ही जानती है,
अनजाने में आए ख़्वाबों को,
कुछ खास ही मानती है ।।१।।

आँखों में लिए पलकों के नीचे,
सपनों को ये सब जानती है,
अंधियारे से उजाले का सफर,
ये तो बस रात ही जानती है ।।२।।

लिए फिरते दिनभर मन का मैल,
अपने वजूद से ही धो डालती है,
सपनों की रंगीन दुनिया में खोना,
ये तो बस रात ही जानती है ।।३।।

रंगीन से अजीबोगरीब सपने ,
अपना ही किया यह मानती है,
कुछ डरावने सपने बीच में लाना,
ये तो बस रात ही जानती है ।।४।।

टूटे हुए सपनों में उम्मीद देना ,
रूठे हुए सपनों को फिर जगाना ,
देखे हुए सपनों को जागृत रखना ,
ये तो बस रात ही जानती है,
ये तो बस रात ही जानती है ।।५।।

प्रकृति की मुस्कान

मंदार गांगल "मानस"
(पता :- सांगली, महाराष्ट्र)

कहीं बारिश गिरी तो कहीं ओले,
कहीं तूफान आया तो कहीं गोले ।।
कट गए जंगल रह गए तने अकेले,
मारे जानवर विलुप्त प्रजाती में डाले ।।१।।

बड़े-बड़े बाँध नदियों पर हमने डाले ,
भूकंप प्रवण क्षेत्र में, सहायता लिए चले ।।
खड़े किए जंगल सीमेंट कांक्रीट के सारे ,
नैसर्गिक अधिवास,चोंच से छीने निवाले ।।२।।

आम इंसान के इसमें बढ़े झमेले ,
कोई कहे सरकार के ये सब झोले ।।
कहे न कोई ये काम किए हमने अकेले ,
फिर कहे सरकार को पाबंदी तो हटा ले ।।३।।

कोशिश रही मुस्कान प्रकृति की छीन ले ,
अरे ! इंसान अभी तो कुछ संभल ले,
इंसान को ही इंसानियत बेचने पर तुले,
पंच तत्वों से डर, कहीं तू ही न पड़ जाए अकेले ।।४।।

मैं समय हूँ

मंदार गांगल "मानस"
(पता :- सांगली, महाराष्ट्र)

सुइयाँ देखो घड़ियों की ,
अपने से ही चलती हैं ,
रुके बिना किसी के लिए ,
अपना काम करती है ।।१।।

समय बताना आदत इनकी ,
बुरा या भला सोच जिसकी ,
अंतिम सत्य ये है बताती ,
निकल गया वापस नहीं आती ।।२।।

समय ही बताता, जीवन के साथी ,
नहीं चले साथ , वापसी नहीं होती ,
किस किसको, मैं यहीं बताता ,
समय की है मार, हर पाती पाती ।।३।।

नहीं है हिम्मत, और किसी में ,
पहिया समय का ,उल्टा घुमाने की ,
बेकार में वक्त ,गुजारते हैं लोग ,
समय पे काबू पाने की ।।४।।

मुस्कुराहट

मंदार गांगल "मानस"
(पता :- सांगली, महाराष्ट्र)

गजब की चीज है मुस्कुराहट ,
भगा देती है गमों की आहट ,
आँसुओं की बन जाती चौखट ,
बचाती जीवन की बौखलाहट ।।१।।

लाने किसी चेहरे पे मुस्कुराहट ,
कभी होना पड़ता हमे आहत ,
यहीं रखो दिल की चाहत ,
खुदा तुम पर करे इबादत ।।२।।

चेहरा-चेहरा दिखता मुस्कुराता ,
पीछे के गमों को न कोई जानता ,
अपनी ही नई कहानी सुनाता ,
दिल के ख़्वाब दिल में ही रख जाता ।।३।।

ढूंढता रहा खिलखिलाती मुस्कुराहट,
हर चेहरे पे पाया, बज़्म ऐ आयत ,
कोई न चाहता, दिल की हिमायत ,
बस ढूंढता रहा,खिलखिलाती मुस्कुराहट ।।४।।

खेल पैसे का

मंदार गांगल "मानस"
(पता :- सांगली, महाराष्ट्र)

धेला कहे मैं हूँ अधेला ,
दो दमड़ी बराबर अकेला ,
दस कौड़ियों का है मेला ,
डेढ़ पाई से बना मैं धेला ।।१।।

तीन पाई बनाए एक पैसा ,
चार पैसे बनाए एक आना ,
आठ आने बनाए आधा रुपैया,
सोलह आने पूरा करे रुपैया ।।२।।

पैसे का है खेल जो सारा ,
आज न जाने हो जाए इशारा ,
छाती खोल के करते काम सारा ,
न हो पैसे तो, हो जाए बिसरा ।।३।।

रामराज के दिन वो गए ,
पूछते पथिक से भी हो आसरा ,
भाई भी पूछे जब ,पास हो पैसा बिखरा ,
यही तो पैसे का खेल है सारा ।।४।।

ब्याही जाए कन्या,धनवान हो खानदान पूरा ,
गरीब के हाथों में, वहीं मिट्टी का धेला ,
कैसे कहूँ और किससे कहूँ मैं ,
कैसा अजीब ये पैसों का खेला ।।५।।

आओगे कब साजन

मंदार गांगल "मानस"
(पता :- सांगली, महाराष्ट्र)

ताक रही हैं राह आज भी,
न जाने कौन से मोड़ पे वो ,
बाहें पसारे बुलाए आज भी ,
गुमसुम बैठी है कब से वो ।।१।।

इकरार लिए आँखों में आज भी ,
काजल भूल जाती है वो ,
न जाने कब मिले साजन आज भी ,
रास्ता भूल जाती हैं वो ।।२।।

बेपनाह मुहब्बत करके आज भी ,
लिखना भूल जाती हैं वो,
आँसूओं से गीले तकिए आज भी ,
छुपाना भूल जाती हैं वो ।।३।।

कोशिशें लाख करती है आज भी ,
दर्द छुपा नहीं सकती है वो ,
न जाने कब मिलेंगे दो दिल आज भी ,
इंतजार में बैठी रहती है वो ।।४।।

कुम्हार की मिट्टी

मंदार गांगल "मानस"
(पता :- सांगली, महाराष्ट्र)

उड़ रहे हैं पंछी आकाश में,
नदियाँ बह रही अपनी धार में,
रौंदे जा रहा जिस आक्रांता से,
वहीं मिला दे तुझे इस मझधार में ।।१।।

बड़ी सहजता मिलती है पतवार से,
पर नाव तो चलती मझधार से ,
सुकून मिले पाँव को मिट्टी के प्यार से ,
नाव में बैठकर चलती दुनिया उलटी धार से ।।२।।

रौंद कर चला जाता तू बड़े गरुर से ,
सोचकर मिट्टी ही है बड़े इत्मीनान से ,
अरे ! बंदा है तू खुदा का ,
कुछ तो डर अपने इंतकाल से ।।३।।

मान चले कुम्हार रौंदे मिट्टी को प्यार से ,
क्या बन पाएगा घड़ा इंतजार से ?
मनरूपी मिट्टी को रौंदो तुम बड़े चाव से ,
वरना वहीं मिट्टी रौंदेगी तुम्हें एक घाव से ।।४।।

बेबसी या लाचारी

मंदार गांगल "मानस"
(पता :- सांगली, महाराष्ट्र)

नारी नर हैं, नर हैं नारी ,
फिर ऐसी क्या है मजबूरी,
ढोए आपको नौ महीने ,
फिर भी करनी पड़े मज़दूरी ।।१।।

नहीं दे सके सम्मान जो उनको ,
ऐसी क्या विपदा आई ?
खो चुके है जो स्वामित्व को जो ,
उनसे क्यों आशा जताई ।।२।।

नारे समानता के लगते रहे,
नारियाँ घुन में पिसती रहें ,
चूल्हे -चौके से जब वक्त मिले ,
परिवार के लिए बोझ उठा लें ।।३।।

नजारा मिले हर गाँव शहर में ,
उठा लो कोई अखबार खबर में ,
सुनने वाला कोई रहा नहीं है ,
सुनाने वाले हजार बसर में ।।४।।

वर्ष हजारों बीत गए हैं ,
स्त्री की गरिमा ज्यों की त्यों है ,
कौन निकाले उन्हें दलदल से ?
"मानस" कहे शब्दों के आंचल से ।।५।।

सोच के भविष्य, जी घबराता है ,
यही रहे 'गर, हमारी मानसिकता है ,
मत बात करो सिर्फ, इनके अधिकार की ,
बल दो इनको, आसमान में उड़ने की ।।६।।

तितली

मंदार गांगल "मानस"
(पता :- सांगली, महाराष्ट्र)

तितलियों-सा उडूँ गगन में ,
मैं झूमूँ फूलों के संग में,
करूँ मैं पान मधु रस का ,
खेलूँ मैं रंग-बिरंगे फूलों से ।।१।।

बात करे आज़ादी की तो ,
तितलियों को याद करूँ मैं,
निर्मल सच्चा जीवन इनका ,
प्रकृति के ही साथ रहूँ मैं ।।२।।

आयु इनकी होती कम पर ,
स्वच्छंद जीने की राह दिखाती ,
फूलों- फूलों में अंतर न करो ,
निसर्ग की ये सोच बताती ।।३।।

अद्भुत होते रंग इनके पर ,
खामोशी से फूल को चुनते ,
रंग गंध में तेज जो होते ,
उड़ने भारी क्षमता रखते ।।४।।

जीवन नहीं आसान इनका ,
पंछी कोई चोंच में पकड़े हैं ,
खत्म होता जीवन इनका ,
भूख दूसरे की मिटाते हैं ।।५।।

कहना कितना आसान मुझको ,
तितलियों- सा उडूँ गगन में ,
सच में अगर तितली बन जाता ,
क्या उड़ पाता मैं उस में !!।।६।।

सपनों का सफर

प्रिया प्रिंसेस पवाँर
(पता :- द्वारका मोड़,
नई दिल्ली)

सपनों का सफर सबका,
शुरू जिंदगी के साथ।
आँखें पकड़े रहतीं हमेशा,
सपनों का हाथ।

सपने हैं जरूरी सदा,
जिंदगी के लिए।
जिंदगी बनी है सपनों की,
बंदगी के लिए।

सपना इंसान को,
जीने की प्यास देता है।
सपनों का सफर जीने का,
अहसास देता है।

सपनों का सफर जिंदगी के,
कदम से कदम मिलाता है।
सुने जीवन में ख़ुशी के,
फूल खिलाता है।

न टूटे किसी के सपने,
नहीं तो दिल टूट जाते हैं।
ऐसे में भले ही जिंदा रहे पर,
रिश्तें छूट जाते हैं।

सपनों के बिना जिंदगी बस..,
एक बोझ लगती है।
बिना सिंदूर के जैसे कोई,
दुल्हन सजती है।
सपनों का सफर चलता रहे तब ही,
लबों पे मुस्कान सजती है।

बारिश की बूँदें और मिडिल क्लास

प्रिया प्रिंसेस पवाँर
(पता :- द्वारका मोड़,
नई दिल्ली)

बारिश की बूँदें बरसी,
मौसम महका गई।
कहीं दूर बोली कोयल,
गुलशन चहका गई।
बरसी आज ऐसी बारिश की बूँदें...,
मन बहका गई।

प्रकृति की गर्मी से,
निजात मिली,
तपते मौसम को,
शीतल सौगात मिली।
जैसे चाँद के संग,
तारों की बारात चली।

मौसम में छाई,
शीतल हरियाली।
फूलों की चाल हुई,
मस्त मतवाली।
आसमां पे छाई,
बदली काली-काली।

बारिश की बूँदों में कहीं,
बिजली न चली जाए!
कहीं गैस सिलेंडर,
खत्म न हो जाए!
टीवी सीरियल कहीं,
आधा न रह जाए!!

घूमने का मन करता पर,
टूटे रास्तों से डर लगता।
सब्जी,फल हुए और भी महंगे,
बारिश का असर लगता।
बारिश की बूदें लगती सुहानी,
पर कीचड़ और ट्रैफिक का कहर लगता।

पर जो भी हो,
मौसम ये भाता है।
पकोड़े, समोसे हर कोई,
बहुत शौक से खाता है।
बारिश की बूँदें जब बरसती,
दिल खिल जाता है।

किरदार अपने - अपने

वेद प्रकाश दिवाकर
(पता :- पासीद, सक्ती, छत्तीसगढ़)

कैसे - कैसे तस्वीर अपनी ,
बना रहे हैं लोग ।
पाक अपनी किरदार को ,
बता रहे हैं लोग ।।

ज़मीर जैसा भी हो ,
वफा दिखा रहे हैं लोग ।
रिश्तों के पैमानों में ,
नफ़ा लगा रहे हैं लोग ।।

कभी बेगैरियत भरी निगाहों से ,
मुस्कुरा रहे हैं लोग ।
कभी अपनों में अपना बन ,
सता रहे हैं लोग ।।

कोई कुनबे बदल - बदल कर ,
पहचान बना रहे हैं लोग ।
जमीनी अपनी हकीकत में ,
पर्दा लगा रहे हैं लोग ।।

कोई जागीरी उन्मादों को ,
खूब निभा रहे हैं लोग ।
कहीं खोखली दस्तूरों में ,
पुल बना रहे हैं लोग ।।

कोई सुलाकर ईमानियत ,
अपनी कब्र के ताबूतों में ।
गैरों की मिल्कियत ,
नपा रहे हैं लोग ।।

अब आईना भी तोड़ रहे ,
जो हो गए दागदार ।
और चेहरा अपनी हड़ताल से,
खूब सजा रहे हैं लोग ।।

अब आँसू भी बह रही ,
बेवफाई की दरिया से ।
सिर्फ वफाई की हिलोरे ही ,
जता रहे हैं लोग ।।

यहाँ बगावत कभी बेईमानों से ,
ना कर बैठना ।
अपने ही अपनों में ,
नजरे गड़ा रहे हैं लोग ।।

यहाँ ऊँची इनायत पाने सब ,
उम्मीदों के सहारे ।
अपना - अपना किरदार ,
निभा रहे हैं लोग ।।

अपना - अपना किरदार ,
निभा रहे हैं लोग ।।

मैं हिन्दी हूँ

विनोद बी० राजपुरोहित
(पता :- ढालोप, पाली, राजस्थान)

मुझे कहीं भूला न देना,
अपनी एक भूल समझकर।
मैं तेरी परछाई नहीं,
जो अँधेरों में खो जाऊँ।
मैं तेरे दिल की धड़कन हूँ,
जीवन पर्यन्त धड़कती जाऊँ।
मैं हिन्दी हूँ, हाँ, मैं हिन्दी हूँ।।

मुझे कहीं रुला न देना ,
हसरतें अपनी पूरी समझकर ।
मैं तेरा वो ख्वाब नहीं,
जो नींद खुले टूट जाऊँ।
मैं तेरे जीवन की आश हूँ,
जो पल-पल तुझे जगाऊँ।
मैं हिन्दी हूँ, हाँ, मैं हिन्दी हूँ।।

मुझे कहीं फेंक न देना,
कल का अखबार समझकर।
मैं गणित का पर्चा नहीं,
जो कहीं सूत्रों में उलझाऊँ।
मैं बहती सरस धार, हिन्दी हूँ,
तेरे नस-नस में बच जाऊँ।
मैं हिन्दी हूँ, हाँ, मैं हिन्दी हूँ।

क्या जरूरत थी?

देवप्रसाद पात्रे
(पता :- मुंगेली, छत्तीसगढ़)

कभी नहीं तकरार हुआ।
आपस में सिर्फ प्यार हुआ।
फिर तुम्हारे रूठ जाने की,
क्या जरूरत थी?

जब दूर ही होना था मुझसे।
तो मेरे इतने करीब आने की,
क्या जरूरत थी?

मेरे हाथों का समय और,
आँखों की किरण बनने की,
क्या जरूरत थी?

जब दुश्मन मेरा जमाना था।
मेरे खुशियों का खजाना बनने की,
क्या जरूरत थी?

नितदिन मेरे यादों में तड़पने,
मेरे यादों में आँसू बहाने की,
क्या जरूरत थी?

मेरे दिल की धड़कन,
और सांसों में महकने की,
क्या जरूरत थी?

मेरी कविताओं में शब्द,
गले की मधुर स्वर बनने की,
क्या जरूरत थी?

जब इरादा ही था चले जाने का,
फिर मुझे आजमाने की,
क्या जरूरत थी?

स्वच्छ निर्मल है मेरा प्रेम

देवप्रसाद पात्रे
(पता :- मुंगेली, छत्तीसगढ़)

तुम्हें रास नहीं आया कि
मोहब्बत मैं तुमसे करने लगा हूँ।
बहुत ही बोलता था मैं,
खुद को खामोश करने लगा हूँ।।

मेरी आवाज से नफरत है न तुम्हें,
लो चुप ही रहने लगा हूँ।
मुझे ठुकराना तुम्हें अच्छा लगा,
लो गर्दिश में जीने लगा हूँ।।

किसी मोड़ पे तुम गिर न जाओ,
खुद से ज्यादा परवाह करता था।
आदत-सी हो गई थी तुम्हारी,
सारे दर्द को अब सीने लगा हूँ।

हरदम ही याद आऊँगा तुम्हें,
गुजरे पल कैसे भुला पाओगी?
क्योंकि सागर की बूँदों की तरह,
स्वच्छ निर्मल है मेरा प्रेम।

आज तुझे पाने की चाहत

विशाल जैन पवा
(पता :- तालबेहट, उत्तर प्रदेश)

मन को चैन मिले ओ ! सजनी, आज तुझे पाने की चाहत ।
मिल जाये जो एक झलक तो, नयनों में हो अनुपम राहत ।
सपने सजते ख्वाब देखकर, मंद-मंद मुस्कान खिले है ।
नव यौवन छाये जो तन में, आशा के नित दीप जले हैं ।।

भूल गिले-शिकवे जो दिल में, मधुर मिलन के वह पल भाये ।
ऋतु बसंत से लगते प्यारे, पतझड़ का यह मौसम जाये ।
अफसाने हैं याद करें तो, हृदय वेदना बढ़ती जाये ।
सावन के झूलों में झूलें, प्रेम गीत हम मधुर सुनायें ।।

उपवन में मृदु पुष्प खिले जो, अधरों की वह याद दिलाये ।
भँवरा बनकर सरस चूम लूँ, जीवन मधुरस नित्य मिलायें ।
कानन मयूर नृत्य देखकर, हिय उमंग में झूमे गाये ।
कलरव सुन अनुभव हैं करते, घुँघरू बजे पग मिलने आये ।।

करना है जगत-उद्धार

शिखा सक्सेना
(पता :- दिल्ली)

नैतिकता सिखलाती सबको ,
धर्म पंथ पर चलना ।
धर्म और निष्ठा की खातिर ,
जीवन अर्पण करना ।।

इंसा ही इंसा पर करता,
अब तो अत्याचार ।
पशु जानवर हो गए हैं ,
सब ओर बढ़ गया भ्रष्टाचार ।।

देख दूसरों के दुख को ,
नहीं होती अब आँखें नम ।
धरती पर भाई का रिश्ता ,
रह गया बनकर केवल भ्रम ।।

साथ निभाना दूर रहा ,
अब वह रिश्तों को भूल रहा ।
अब ऐसी नैतिकता है आई,
रिश्ता सारा डूब रहा ।।

घमंड में अपने चूर हो गया ,
घर परिवार से दूर हो गया।
व्यसन, व्यभिचार को अपना ,
नैतिकता से दूर हो गया ।।

मानव तू ही है निर्माता ,
अपने भाग्य का स्वयं विधाता ।
ले अणुव्रत और कर संकल्प ,
जगा दे जग में अब घनिष्ठता ।।

अपने भीतर अब कर नव संचार ,
नैतिकता द्वारा कर समाज सुधार ।
सादा जीवन और रख उच्च विचार ,
संयम ही जीवन का है उपचार ।।

मैं और मेरा भूलकर,
सबका हित अब कर स्वीकार ।
उच्च चरित्र का कर निर्माण ,
विश्व को दे नव आधार ।।

आदमी और पहेली

डॉ० रशीद ग़ौरी
(पता :- सोजत सिटी,
राजस्थान)

तरकश निराला तीर कमान बन गया है आदमी।
आदमी से देखिए बेईमान बन गया है आदमी।।

अपनों के बीच एक तमाशा बन गया है आदमी।
भाई के ही खून का प्यासा बन गया है आदमी।।

पहन कर खाल शेर बन गया है आदमी।
जंगली गंदगी का ढेर बन गया है आदमी।।

अपने लंबे सायों से डर गया है आदमी।
खौफज़दा जिंदगी से मर गया है आदमी।।

अपने जाल में फंसा बहेली बन गया है आदमी।
ना समझ आए ऐसी पहेली बन गया है आदमी।।

ओढ़ के झूठ का लबादा महान बन गया है आदमी।
मखमल में टाट के पैबंद की शान बन गया है आदमी।।

सब कुछ लुटा बैठा कंगाल बन गया है आदमी।
अपने ही जी का जंजाल बन गया है आदमी।।

तवायफ

वंदना कुमारी
(पता :- जाले, दरभंगा, बिहार)

दुनिया को सभ्य बताकर,
गुजरते हैं ये बदनाम गली से,
हवस की चादर ओढ़ कर,
औकात दिखाते ये चंद सिक्कों की,
जिल्लत से नाम लेते जिन कोठों का,
हैवानियत मिटाते उन्हीं कोठों के बिस्तर पर,
फूल क्या कांटा, क्या इनके लिए,
इंसानियत बेचते ये चंद सिक्कों से,
कुछ सहमें कुछ बहके बिस्तर की ताज,
महक हैं उनके ही खूनों की,
गवाही है इनकी ही फफकती जवानी का राज,
खरीदते है ये चंद सिक्को से कोठे का भाग ।
तार -तार करते हैं जिस्मों को,
छीनते हैं शर्म लाज उनसे ये,
गुलछर्रे उड़ाते दोस्तों के बीच ।
इनकी जली हुई तकदीरों का ।
विरासत में न मिली तमाशदीन जिंदगी उसे,
किसी की आशिकी तो किसी की मजबूरी,
ला खड़ी की है इन चौखट पर,
जिसे खरीदते ये मर्द चंद सिक्कों से,
जिन जेबों में रखते ये सिक्कों की गर्मी,
रख न पाते इंसानियत की गर्मी,
दिखाते शक्ल सब शराफत के,
पर अंदर से सब मिजाज रखते शैतानी के ।

शिक्षा और बालपन

डॉ० मंजूलता भट्ट
(पता :- जयपुर, राजस्थान)

माता को पहला गुरु हम जानें,
द्वितीय गुरु शिक्षक को मानें।
हमको सत्य की राह दिखलाता है,
अंधकार को दूर भगाता है।
जो है हर बालक का आधार,
जिससे होता पूर्ण विकास।
माता रहती हरदम उसके साथ,
करती रहती चाहे सारे काज ।
तनिक न होती उससे दूर,
ध्यान में रखती सदा समीप ।
काम वो सबका करती रहती
कान उसी पे लगा वो रखती।
अमृत दूध पिलाकर उसको
जीवन को कर देती निर्भय ।
मां बच्चों को खुशी देखकर
मुस्कुराती रहती है हर पल।
जब बालक जाता पाठशाला
तब उसको गुरु पाठ पढ़ाता ।
प्रेम प्यार से उसे समझाते
स्कूल बहुत ही मन को भाता।
गुरु जनों की हर बात पर
अडिग विश्वास उसे है आता ।
खेल-खेल में पाठ को अपने
जल्दी ही वह सीख ही जाता ।
अनुशासन में रहकर नित
रोज सवेरे जल्दी उठकर।
नहाकर साफ वस्त्र पहनकर
ईश्वर का वह ध्यान लगाता।
बचपन में संस्कार सीखकर
अपना नाम वह खूब कमाता।
खेल कूद में देश भक्ति का
ज्ञान सहज घर कर जाता।
आज देश की बिगड़ी हालत में
करना होगा हमें सुधार।
छोटे-छोटे बाल गीत सीखाने
होंगे हर बार बार।
अंकित होते सरल हृदय में
सेवा भाव जगाने होंगे।
इसी तरह उनका हम करेंगे
सर्वांगीण विकास राष्ट्र निर्माण।
गीता के सब श्लोक रटा कर
भर दें राष्ट्र हित पर हितके भाव।
छोटी मोटी मुसीबतों से
न घबराये वो बार बार।
भले बुरे का निर्णय लेकर
जीवन का निर्माण करें हम ।
तभी बनेगा देश महान
बालक बने देश के कर्णाधार ।
तभी होगा अखंड भारत का
और छात्रों का संपूर्ण विकास।

एक कदम सहजता की ओर

डॉ० जितेन्द्र 'राही'
(पता :- पंचकूला, हरियाणा)

है तू जब किसी को देखता, जानूं न तू क्या खोजता ।
कुछ कह गए के है सब यहीं, क्या चाहिए मेरे हृदय बता ?

जो भी दिखा मन भा गया, तू सब मुट्ठी में भरना चाहता ।
जब मूर्त तेरी चाह हुई, फिर छूने से तू क्यों भागता।।

है गर वासना तो कहां भाव है, फिर क्यूँ कर बहें आंसू तेरे।
क्यूं कर उसे तूने छू लिया, जिसे अब तक न जाना, न ही मानता ।।

जिस मंजिल को पाना चाहता, है उसके दर पे तू कब से खड़ा ।
दे द्वार खोल साहस जुटा, न रह कस्तूरी मृग सा भागता ।।

कामाग्नि है या भूख भाव की, ये चाह तेरी जो भी हो ।
जिसने भी जाना उसने कहा, जो सोता ध्यान में वहां जागता ।।

सूत्र से सम्बद्ध हो, कर समाधी और जाग जा ।
योगी सफल भोगी सफल जो दिल में हो उस राह जा ।।

कर फैसला ना कर फासले, है देर काफ़ी हो चुकी ।
यें चरम क्षण एक प्यास है, है स्वभाव इसका बढ़ती ही जा ।।

लाया था क्या जो अहंकार है संजोया भी क्यों ? क्या ले जायेगा ?
है उसका दिया न हिसाब कर, तू निशब्द हो, आकाश गा ।।

लफ्ज़

डॉ० जितेन्द्र 'राही'
(पता :- पंचकूला, हरियाणा)

फिरता हूँ लफ़्ज़ों के तआकुब में दिनभर ।
टूट पड़ते हैं लफ्ज़ नींद खुलते ही मुझपर ।।

मैं भी भरा हूँ अनगिनत लफ़्ज़ों से खचाखच ।
ढोता फिरता हूँ हर पल मैं कितनों को सर पर ।।

अस्तित्व पर मेरे ये लफ्ज़ो का अतिक्रमण ।
गर बैठा भी रहा मैं लफ्ज़ करते रहे भ्रमण ।।

मुझसे ही खाली है आशियाना मेरा ।
लफ़्ज़ों के अलावा न कुछ भी मेरे घर पर ।।

है बना लफ़्ज़ों से अपना शहर ज़िन्दगी का ।
लफ्ज़ सुकूं ज़िन्दगी में यही कहर ज़िन्दगी का ।।

लफ्ज़ अहसास-ए-बुलंदी, लफ्ज़ नज़रों से गिरा देते ।
लफ्ज़ तानाशाह बना भी देखा... भीख मांगे किसी के दर पर ।।

शगुफ़्ता शख्स के चेहरे की हसीं लफ़्ज़ों से ।
होती हैं सूरतें मायूस लफ्ज़ों से ।।

एक अरसा हुआ चला है किसी रूह से मिले हुए ।
सिर्फ चेहरों में मुझे मिलते हैं ... लफ्ज़ रोज अक्सर.. ।।

निर्वात की खामोशियाँ दरिया का अकेलापन दे ।
ऐ मेरे खुदा मुझको कुछ राहत भरे पल दे ।।

करुं गुफ्तगू मैं खुद से कुछ होने का अर्थ जानूं ।
कर सकूं प्रेम मैं किसी से .. हो तेरा इतना करम मुझपर....।।

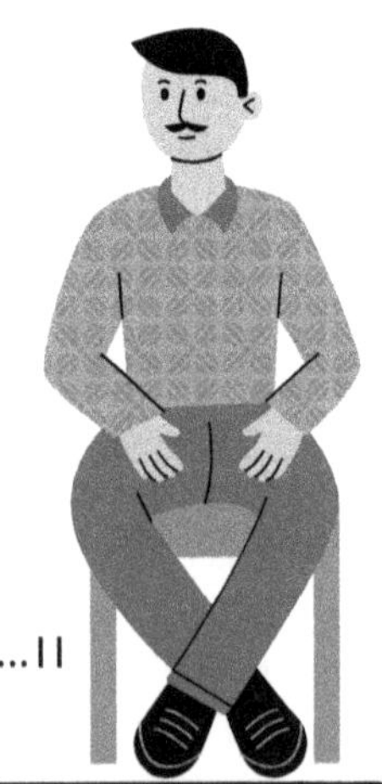

बचपन

डॉ० जितेन्द्र 'राही'
(पता :- पंचकूला, हरियाणा)

अलमारी से झांकते मेरे बचपन के साथी,
लगे बोलने बेजुबाँ देख मेरी उदासी,
के बहुत शौंक था तुझको बड़ा होने का।

ये आसमाँ सी दीवारें और ये मखमली बिस्तर,
घर में सामान भरा है,
मैं खाली हुआ अंदर,
है रूठा मुझसे सुकूँ क्यों,
माँ के आँचल में सोने का,...
के बहुत शौंक था तुझको बड़ा होने का।

अब पत्थर सा हुआ हूँ और वज़ह ढूंढता हूँ,
रोने और हंसने की भी, जगह ढूंढता हूँ,
वो भी गज़ब का दौर-ए-ज़िन्दगी था,
बेवज़ह खिलखिलाने बेवज़ह रोने का...
के बहुत शौंक था तुझको बड़ा होने का।

था बचपन सही के, जवानी सही है,
थी वो लोरी सही, के ये कहानी सही है,
मैं सोचूँ भी कैसे मुझे वक्त नहीं है,
क्या बनाया बचपन के मलबे पे, मैंने ये महल सोने का...
मिली बैसाखियाँ मुझे तोहफा, अपने पैरों पे खड़े होने का...
बहुत शौक था तुझको, बड़ा होने का ।।

मुसाफिर तू चलता जा

पल्लवी
(पता :- मोरनी हिल्स, हरियाणा)

मुसाफिर तू चलता जा ,
हर मुश्किल से लड़ता जा,
रुकना मत रुकावटों से,
जो देखा वो लिखता जा,
मुसाफिर तू चलता जा ।

डगमगा मत, तू संभल जा,
घबरा मत, तू चलता जा,
चलता जा हर मौसम में तू,
मत घबरा टेढ़ी- मेढी राहों से,
मुसाफिर तू चलता जा ।

नदी,झरना,पहाड़,से होकर,
मंज़िल तक तू पहुँच जा,
रोके कोई तो मत रुकना,
हर मुश्किल से लड़ता जा,
मुसाफिर तू चलता जा।

उईई...उई..ठंडी

नेहा शर्मा
(पता :- मोरनी हिल्स, हरियाणा)

ठंडी का ये मौसम था,
ऊपर से ये बरसता था,
भारी इतना लगता था,
ठंड से कोहरा बढ़ता था,
ऐसी कैसी बढ़ गई ठंड ?
क्यों आई ठंड,भई क्यों आई ठंड ?

नाक भी हो जाती लाल,
इसे भी चढ़ जाता जुकाम,
कपड़े कितने पहने हम,
गिनती में ही मर जाएं हम,
ऐसी कैसी बढ़ गई ठंड ?
क्यों आई ठंड, भई क्यों आई ठंड ?

दिन-रात बस पिएं चाय,
रात-दिन बस ठंड -ठंड -ठंड,
बिस्तर में बैठें तो भी ठंड,
बाहर जाएं तो भी ठंड,
ऐसी कैसी बढ़ गई ठंड ?
क्यों आई ठंड, भई क्यों आई ठंड ?

दिन-रात बस एक ही गीत,
कब जाए ठंड , कब जाए ठंड ?
लोगों को कर दिया हैरान,
सब लोग हो गए हैं परेशान,
ऐसी कैसी बढ़ गई ठंड ?
क्यों आई ठंड , भई क्यों आई ठंड ?

ठंड में हम क्या करें ?
ठंड महरूम क्या न करें ?
कुछ न आता है समझ,
ठंड का है यही सफ़र,
ऐसी कैसी बढ़ गई ठंड ?
क्यों आई ठंड, भई क्यों आई ठंड ?

बच्चो को मिल जाता बहाना,
कह देते आज है भई ठंड,
ऐसी कैसी है ये ठंड ?
ख़त्म होने में नाम नहीं है,
ऐसी कैसी बढ़ गई ठंड ?
क्यों आई ठंड , भई क्यों आई ठंड ?

सवाल इस तंत्र से..

लक्ष्मीनारायण धिरहे
(पता :- हसौद, सक्ति,
छत्तीसगढ़)

सवाल इस तंत्र से..
आखिर मेरी क्या गलती थी ?
मैंने तो लोगों की जान बचाई ,
गलती ही क्या थी मेरी ?
कि मेरी ही जान नहीं बच पाई..
आख़िर क्या गलती थी मेरी ?
यही कि , मैंने की पढ़ाई , डॉक्टर बन पाई ,
डॉक्टर बनकर मैंने तो फर्ज़ निभाया ,
आखिर क्यों मेरी जान नहीं बच पाई ?
अपनों के लिए जीते हैं हम ,
पर जब बात आई फर्ज़ की ,
तब अपनी ज़िम्मेदारी निभाई ,
आखिर मेरी जान क्यों नहीं बच पाई ?
आखिर क्या गलती थी मेरी ?
यही कि मैं अपना सपना पूरा कर पाई
डॉक्टर बनने का सफर तय किया ,
लेकिन मेरी जान नहीं बच पाई..
मुझे पता था, ये सफर आसान नहीं होगा ,
हर रोज़ एक नई जंग लड़नी होगी ,
पर मैंने बड़ी हिम्मत दिखाई ,
फिर भी मेरी जान नहीं बच पाई..
मैंने दूसरों की उम्मीदों को ज़िंदा रखा ,
लेकिन मेरी ही उम्मीदें क्यों मुरझा गईं ?
कोई कदम नहीं उठाया गया ,
आख़िर मेरी जान नहीं बच पाई..
यह एक सवाल है इस तंत्र से ,
मैंने लोगों की जान बचाई ,
लेकिन मेरी सुरक्षा क्यों न हो पाई ?
आखिर देखो मेरी जान नहीं बच पाई..
क्या मेरी ज़िन्दगी की कीमत कम थी ?

वहीं तंत्र क्यों मेरा साथ नहीं दे सका ?
जिस तंत्र की मैंने सेवा की ,
आखिर क्यों मेरी जान नहीं बच पाई ?
मैंने दिन-रात की परवाह किए बिना ,
हर दर्द को सहन किया , पर जब मुझे जरूरत पड़ी ,
तो इस तंत्र ने मुझे अकेला क्यों छोड़ दिया ?
आखिर मेरी सुरक्षा की गारंटी क्यों न हो पाई ?
देखो मेरी जान नहीं बच पाई..
यह तंत्र, जो बड़े-बड़े वादे करता है ,
जनता की सुरक्षा का दावा करता है ,
पर क्यों मेरी सुरक्षा की जिम्मेदारी नहीं उठाई ,
देखो मेरी जान नहीं बच पाई..
यह सवाल है हर उस डॉक्टर ,
हर उस कर्मवीर की ओर से ,
जो इस तंत्र की सेवा में दिन-रात एक कर देते हैं,
पर बदले में उनकी सुरक्षा की कोई गारंटी नहीं होती ।
यह सवाल है इस तंत्र से ,
जो समाज की सेवा का दावा करता है ,
लेकिन उनके सेवकों की जिंदगी का ख्याल नहीं रखता ,
आखिर इस सवाल का जवाब कौन देगा ?
की उस बेटी की जान क्यों नहीं बच पाई ?
यह सवाल इस तंत्र से हमेशा होगी ,
जब बात बहन बेटियों की सुरक्षा की होगी ,
क्यों उस बेटी की जान नहीं बच पाई ?
शायद इस सवाल का जवाब ,
अब कोई भी नहीं दे पाए..

वंदना

मिथिलेश तिवारी 'मैथिली'
(पता :- प्रयागराज, उत्तर प्रदेश)

अज्ञान अंधेरा पूरित मन में,
जो ज्ञान का दीप जलते हैं ।
ऐसे उन श्री गुरु चरणों में,
हम अपना शीश झुकाते हैं।।

आती दुविधा जब जीवन में,
तब एक नई राह दिखाते हैं ।
निज शिष्यों के नव चेतन में,
विज्ञान की अलख जगाते हैं।।

रहना सर्वदा अनुशासन में,
सित शिष्टाचार सिखाते हैं ।
नीति निपुण परिवर्तन में,
भी हमको कुशल बनाते हैं।।

साहस समता धैर्य संवहन में,
अर्जित ज्ञान सहर्ष लूटते हैं ।
लक्ष्य पूर्ति के सतत् मनन में,
ये अपना सुख चैन गँवाते हैं ।।

मिलती यश कीर्ति भुवन में,
संस्कृति का ज्ञान करते हैं ।
उज्जवल भावी उपवन में,
कामयाबी के फूल खिलाते हैं।।

संकल्प यही गुरु वंदन में,
हम सभी को याद दिलाते हैं।
गोविंद से पहले अभिनंदन में,
उनकी महिमा के गुण गाते हैं ।।

सावन भादो

मिथिलेश तिवारी 'मैथिली'
(पता :- प्रयागराज, उत्तर प्रदेश)

रिमझिम बरस रहा है सावन ।
भीगा फिर धरती का दामन।।
विस्तारित चहुं दिश हरियाली ।
छाई कण- कण में खुशहाली ।।
सुरभित सुमन गुंजार भ्रमर का ।
हेतु प्रणय अवनि-अंबर का ।।
पड़ गए झूले कदम की डाली।
गाती कजरी कल कंठी सब आली।।
रचा के मेहंदी हाथों में सखियाँ ।
ढूंढ रही साँवरे को राधा की अखियाँ।।
ओढ के रंग चूनर घन धानी ।
संग पवन के डोल रही ऋतुरानी।।
व्यथित विकल चित चकित चातकी।
कर रही रसपान बूंद सुधा की ।।

उमड़ -घुमड़ घन भादों गरजे ।
मन प्रीत मिलन की आस उपजे।।
आच्छादित नभ घनघोर घटाएँ ।
व्यथित विरही भर नीर बहाए।।
दमके दंभी चंचल चपल दामिनी।
बिन संग प्रिय भयभीत भामिनी।।
उमंग वेग भर सलिल तरंगिनी।
करती जतन अभीष्ट सिंधुगमिनी।।
मन मगन एक धुन ये सृष्टि सारी ।
कर रही तृण-तृण में अमृत वारी।।
हो रहा जागृत अभ्यंतर जड़ चेतन।
शक्ति जगाए ज्यों शिव अवचेतन।।
भक्ति शिव की गूँज रही जन-मन में ।
उल्लासित त्यौहार आए आँगन में।।
सावन कजरी तीज और रक्षाबंधन।
करते भादो जन्माष्टमी कृष्ण वंदन।।
सावन-भादो के ये मास हैं पावन ।
लगते हम सबको अति मनभावन ।।

फोन

डॉ० जय प्रकाश प्रजापति
(पता :- कानपुर, उत्तर प्रदेश)

फोन!
तेरे कारनामे,
एक नहीं लाखों हैं,
देखो! देखो! तेरे कारण बिछी लाशें हैं।

फोन!
इस युग की महती आवश्यकता है,
इसमें घुसा हुआ है सम्पूर्ण ब्रह्मांड,
जो चाहे वह देखो,
यही इसकी खासियत।

फोन!
तूने दुनिया बदल दी,
पूरी धरा को एक मुठ्ठी में कर दी,
तुझमें गूगल है,
तुझमें व्हाट्स अप् है,
तुझमें इंस्ट्राग्राम,
तुझमें ही एक्स।

फोन!
कुछ तेरा दुरूपयोग भी करते हैं,
झूठे प्रेम में फँस कर,
अपनी जिंदगी बर्बाद करते हैं।

फोन!
आज जितनी घटनाएँ हो रही हैं,
उनके पीछे,
कहीं न कहीं तेरा ही हाथ है,
कहीं न कहीं तेरा ही साथ है।

फोन!
तूने आदमी को,
पूरी तरह बदल दिया है,
तूने आदमी को,
बर्बाद करने का काम किया है।

फोन!
सब तेरे दिवाने है,
छोटे बच्चे से लेकर बूढ़े तक।

काश!
तू न होता,
होता तो सब
किंतु इतना न होता,
तू इस तरह विष न बोता।।

कृष्ण तुम्हारी दुनिया कैसी

डॉ० जय प्रकाश प्रजापति
(पता :- कानपुर, उत्तर प्रदेश)

कृष्ण तुम्हारी दुनिया कैसी, यहाँ हर कोई पागल लगता है।
आपस में सब झगड़ रहे हैं, यहाँ हर कोई घायल लगता है।।
रामराज्य हो या फिर महाभारत, ये सब आपस में लड़ते हैं।
स्त्री सदा ही रही है केंद्र में, सब इसके लिए ही ये खपते हैं।
कितनी सुंदर रचना है स्त्री, हर कोई इसके पीछे भागे रहा।
इसको पाने के लिए यहाँ, हर कोई रात रात भर जाग रहा।
काटों में उलझी है स्त्री देखो, उसका मन घायल लगता है।।१।।
गीता में कितना तुमने समझाया, पर कहाँ समझ में आता।
मौका पाते ही आदमी आदमी को मारे, समझ कहाँ पाता।
जड़ जोरू और जमीन खातिर, यह लड़ाइयाँ लड़ता रहता।
बेचारे सैनिक ही मारे जाते, उनका घर उजड़ता ही रहता।
राजा रानी की कहानी सुन लो, सब कुछ पायल लगता है।।२।।
जहाँ देखो वहाँ हत्याएँ होती, कोई रहम न करता दिखता।
इसको मारो, उसको मारो, बस जीवन भर करता दिखता।
शायद ऐसे ही जीवन चलता है, सभी कुछ तुम तो जान रहे।
अर्जुन को दे उपदेश सबको मारो, बस इसको ही मान रहे।
सब कुछ बदल गया यहाँ कृष्णा, हर कोई घायल लगता है।।३।।
करोड़पतियों की बाढ़ आ गई,आज भी सुदामा जिंदा हैं।
एक दाने चावल को तरस रहे ये,पता नहीं कैसे ये जिंदा हैं।
पूरी धरती में त्राहि-त्राहि है, देखो धनवान धन सब लूट रहे।
राज नीति बहुत कलुषित है, नेता भी अपनी रोटी सेंक रहे।
आम आदमी नंगा है, भिखमंगा है, सबका मन घायल है।।४।।
कृष्ण तुम्हारी दुनिया कैसी, यहाँ हर कोई पागल लगता है।
आपस में सब झगड़ रहे हैं, यहाँ हर कोई घायल लगता है।।

यदि मैं शिक्षक होता

डॉ० जय प्रकाश प्रजापति
(पता :- कानपुर, उत्तर प्रदेश)

यदि मैं शिक्षक होता,
प्रति दिन स्कूल पढ़ाने जाता।
सब बच्चों को नित नित
समय से उनको वहाँ बुलाता।।

हर घण्टे का विषय बदलता,
हिंदी, गणित, सदाचार पढ़ाता,
बच्चों को शिष्टाचार बता कर,
उनको बढ़ों को,
नमन करना सिखाता।

नित देता मैं होम वर्क,
अगले दिन, सबसे सुनता,
जो न करके लाते,
उनको मैं
शिक्षा का महत्व समझाता,
शिक्षा बिना हम पशु समान,
कोई विकास कहाँ कर पाता।

हर काम समय से करना,
मात, पिता की बात मानना,
बड़ों का करना सत्कार,
दुखियों के दुख को हरना,
मानवता का पाठ पढ़ाता।

बच्चे तो बच्चे होते,
मैं सही दिशा देता उनको,
बच्चों के, मन में शंका उपजती,
उनकी जिज्ञासा शांत कराता।

सच्चा शिक्षक वही हमेशा,
जो बच्चों को सच्ची, अच्छी राह बतावे,
जीवन की झंझावत से डरे नहीं,
सबसे प्रेम जतावे।

मेरा जीवन हो जाता धन्य
यदि मैं इन बच्चों को कुछ दे पाता,
बच्चे अच्छे बनकर नाम कमाते,
मैं बैठ सामने उनका उत्साह बढ़ाता।।

बच कर रहना रे बाबा

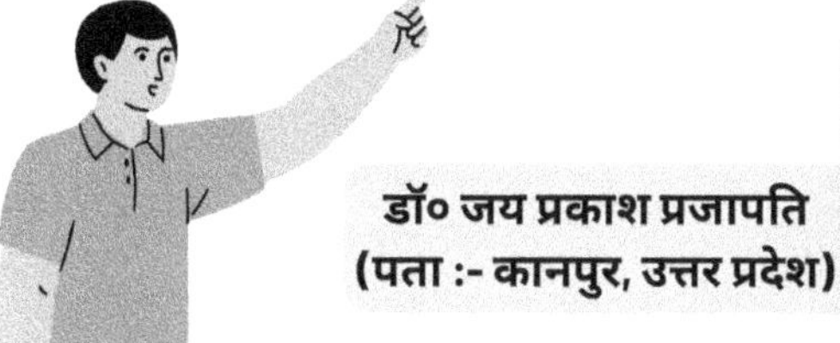

डॉ० जय प्रकाश प्रजापति
(पता :- कानपुर, उत्तर प्रदेश)

हम शैतानों की बस्ती में रहते, बच करके रहना रे बाबा।
हत्यारे और दरिंदो का यह युग है, सच कहना है रे बाबा।।
आज समय बड़ा दुर्बल है आया, ज्यादातर अहमीं जन्में।
खून खराबा अच्छा लगता इनको, देखो ये कितने पनपे।
दीन हीन का जीना मुश्किल होता, हर कोई अब गुर्राता।
गरीब-अमीर की खाईं बढ़ गई, कोई किसी को न भाता।
जगह-जगह पर काँटे उग गये, बच कर रहना है रे बाबा।।१।।
पता नहीं क्या हुआ जगत को, हर कोई मनमानी करता।
जब कोई मंजिल पा जाता तो, देखो यह कितना जरता।
कोई किसी को सम्मान न देता, यह सबको नीचा समझे।
डरा धमका कर गुलाम बनाता, यह सबको बुद्धू समझे।
सब कुछ जंगल जैसा है यहाँ,शेरों से बच रहना है रे बाबा।।२।।
नर नारी सब अहम में डूबे हैं, सब एक दूसरे पर हैं हावी।
अगर किसी से कुछ कह दो तो, लगती इन्हें बहुत खराबी।
पूरी दुनिया जाति धर्म में फंसी, बस अपनी बात चलाती।
जीवन जीना हुआ कठिन है, मानवता हाय हाय चिल्लाती।
पढ़ लिख कर सब हुए जंगली, बच कर रहना है रे बाबा।।३।।
राम कृष्ण अब जन्मते कहाँ हैं, हत्याचारी जन्मे घर-घर।
कुछ ही दयावान मिल जाते हैं, अब दुष्ट मिलते घर-घर।
सबकी इच्छा है राज्य हड़पना, इसके लिए सबको मारो।
महिलाएँ, बच्चे बनते शिकार हैं, कहते अब इनको तारो।
जंगल-जंगल दुनिया दिखती, बच कर रहना है रे बाबा।।४।।
हम शैतानों की बस्ती में रहते, बच करके रहना रे बाबा।
हत्यारे और दरिंदो का यह युग है, सच कहना है रे बाबा।।

तिल का ताड़ बनाती दुनिया

डॉ० जय प्रकाश प्रजापति
(पता :- कानपुर, उत्तर प्रदेश)

तिल का ताड़ बनाती दुनिया।
घर से बाहर रोती मुनिया।।

सब कुछ अच्छा लगता देखो।
मन में द्वेष सजाती दुनिया।।

बालिका भी अब नहीं सुरक्षित।
भेड़िया देख डर जाती मुनिया।।

अपनी - अपनी खैर मनाते।
सबको प्रवचन देती दुनिया।।

पैसों से सब कुछ मिलता है।
जो चाहे खरीदती दुनिया।।

डर भय अब तो नहीं किसी को।
जो चाहे वह करती दुनिया।।

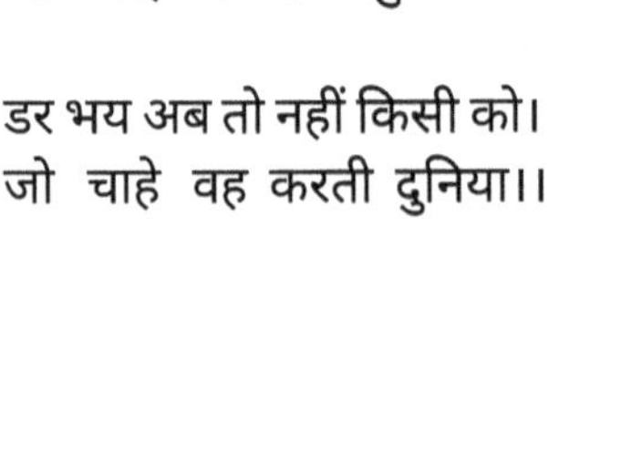

मैं शब्दों से चित्र बनाता हूँ

पुरूषोत्तम शाकद्वीपीय "प्रेमी"
(पता :- उदयपुर, राजस्थान)

मैं एक चित्रकार हूँ शब्दों का,
मैं तो महल बनाता शब्दों का ।
शब्दों की दुनिया से लेकर शब्द,
मित्रों ! मैं शब्दों से चित्र बनाता ।।

शब्दों की ताकत को सब जानते,
बिगड़ी बात को शब्द ही बनाते ।
शब्दों की माया है बड़ी निराली,
रूठे हुओं को शब्द है मनाता ।
मित्रों ! मैं शब्दों से चित्र बनाता ।।

चित्रकार हूँ मैं बड़ा अलबेला,
शब्दों के साथ करता हूँ खेला ।
शब्द होते हैं बहुत चमत्कारी,
शब्द ही खुशियाँ जीवन में लाता ।
मित्रों ! मैं शब्दों से चित्र बनाता ।।

संग दिल

गोल्डी अधिकारी
(पता :- रुद्रपुर, उत्तराखंड)

सच ही कहा है ,
जिंदगी में मुकम्मल जहां नहीं मिलता,
जो मिले उसे समझो खुशनसीबी ।
कभी पत्थर में गुलाब नहीं खिलता ।

चाहो किसी को दिलो जान से उम्र भर।
और करो इबादत किसी संग दिल की,
तो भी मोहब्बत में वफा का फूल नहीं खिलता ।

चार बातें गर गैरों से करोगे तो शायद ,
वो दो पल ही सही तुम्हारा साथ तो देंगे ।

पर संग दिल महबूब की जुबान से फिक्र,
का एक अल्फाज भी नहीं निकलता।

की कुर्बान जिंदगी जिसके लिए वो,
साथ तो होता है ,पर कभी साथ नहीं चलता।

बे-मुरव्वत ,बेवफा संग दिल होता है ,
वो दोस्तों जो वफा तो चाहता है ,
पर खुद वफा कभी कर नहीं सकता।

ज़माना

गोल्डी अधिकारी
(पता :- रुद्रपुर, उत्तराखंड)

जमाना आजकल मगरूर है बड़ा ,
सच्चाई के साथ नहीं झूठ के साथ है खड़ा ।
अपनों से रख कर बेर गैरों का साथ निभाते हैं ,
जो माँ पालपोश कर करती है बड़ा,
वृद्धआश्रम उसे छोड़ आते हैं ।
कमजोर है वो बिचारी किसे अपनी व्यथा बताएगी,
पर उम्मीद है फिर एक बार मदर्स डे मनाएगी।
आयेगे बच्चे मेरे एक बार तो फोटो खिचाने,
बेचारी मन, मन मे बड़बड़ाती है ।

भाई - भाई में भी अब प्रेम है कहां,
सब दूर-दूर हुए जाते हैं ।
बहनों का ब्याह रचा कर ,
भाई अब पिंड अपना छुड़ाते हैं ।
बीवी की करते हैं चाकरी पर बीवी समझे पति को लॉटरी ,
अब सात जन्मो के साथी हैं कहां ।
अब जब चाहे लोग हो सकते हैं जुदा,
ब्रेकअप शब्द का प्रयोग कर दिल की व्यथा मिटाते हैं ।
कारस्तानी सब इंसानों की है ,
पर जमाना खराब बताते हैं ।

सिलवटें

गोल्डी अधिकारी
(पता :- रुद्रपुर, उत्तराखंड)

वो सिलवटें आज भी ताजा है,
मेरे दिल की चादर पर ।
जिसे सिर्फ एहसास की डोर से छुआ था तुमने ,
न जाने क्यों वो एहसास हर पल मुझे रुलाता है ।
न तुम्हें देख पाती हूं नजर भर के,
वक्त का साया धुंध सा ओझल हो जाता है ।
सिर्फ ये ख्यालों और एहसासों का सफर,
न जाने कब टूट जाएगा बहुत गहरे हैं ।
पर बेलफ्जों का इश्क जो है ,
न जाने कब किसका सब्र टूट जाएगा।
तेरा या मेरा पर एक बात तो पक्की है,
उस दिन हर करीबी हमसे रूठ जाएगा।
हम दोनों जमी पर फलक की तरह,
न मिले हैं न कभी मिलेंगे ।
पर तब भी ये जमाना हमसे रूठ जाएगा,
अब इस आस में यहाँ नहीं तो शायद।
फलक में ही सही हम तुम मिलेंगे और,
दिल की चादर पर बने सलवटो को सही करेंगे ।
इंतजार अब भी बाकी है..........

जिंदगी

गोल्डी अधिकारी
(पता :- रुद्रपुर, उत्तराखंड)

तुम सिर्फ इस बात का ख्याल रखना ,
मैंने शायरी नहीं जिंदगी लिखी है ।
इस जिंदगी में कहीं जिक्र है तुम्हारा ,
इस जिंदगी में कहीं जिक्र है हमारा ।
इस जिंदगी में अधूरे ख्वाबों की ताबीर बनी है,

तुम सिर्फ इस बात का ख्याल रखना.....

बेपरवाह , मस्त, शोखी भरी थी जिंदगी,
वक्त के हाथों अब बेजार हो गई है।
अब बदहवास, गुमसुम हो गई है,

तुम सिर्फ इस बात का ख्याल रखना.........

अब तुमसे दूर होकर शायद,
जीना भी भूल गए हैं हम ,
कोहरे के आगोश मे सुन्न सी पड़ी जिंदगी,
एक कोरी किताब हो गई है।

तुम सिर्फ इस बात का ख्याल रखना ,
मैने शायरी नहीं जिंदगी लिखी है।

यह कैसी बेबसी

उषा टिबड़ेवाल
(पता :- चेन्नई, तमिल नाडु)

तेरे जाने के बाद किसी ने न देखा,
स्नेह भरी आँखो से मुझे ,
गुज़रते हैं हर दिन-रात,
उदास करके मुझे ,
तेरे बिन यह कैसी बेबसी ...
हवा भी देती न साथ,
न कोई तेरे आने का सन्देश मुझे ,
बादल गरज कर देते जो संदेश,
होती बारिश पर साथ बरसती आँखे मेरी
तेरे बिन यह कैसी बेबसी ...
ज़िंदगी तेरे बिन बदल गई पूरी,
पर जीना तो होगा,
नए रास्ते ढूंढ के मुझे ,
मंज़िल को पाना होगा,
पर मालूम नहीं,
चलना किस डगर मुझे ,
तेरे बिन यह कैसी बेबसी ...
तेरे जाने का गम,
ज़िंदगी में नासूर बन रह गया ,
दिल बिलख रोता,
कहता,आँसू पी,
तन्हा दिल बेजान हो गया ,
पर महफ़िल में,
खुशमिज़ाज हो,
जीना होगा मुझे,
पर बार-बार दिल पूछे,
तेरे बिन यह कैसी बेबसी ।।

सुनो न.... मेरे पास रहना

उषा टिबड़ेवाल
(पता :- चेन्नई, तमिल नाडु)

सुनो न....मेरे पास रहना ,
कभी आँखों की नमी में ,
कभी आँसू की बुंदों में ,
कभी दिल की धड़कनों में ,
कभी आने वाले वक्त के हर पल में ,
कभी तेरा नाम ज़िक्र में,
कभी तेरा प्यार मेरे फिक्र में ,
कभी किसी गीत संगीत में ,
कभी दुख-दर्द के मीत में ,
कभी किसी मीठी सी वाणी में ,
कभी भोर की सूरज की लाली में ....
कभी किसी खिलते फूलो में ,
कभी पन्नों के बीच सुखे गुलाब में ,
कभी चकाचौंध दिल के शहर में ,
कभी मेरे दिल की सुनसान गली में ,
कही, कभी, कुछ का मालूम नहीं ,
बस ,
सुनो न,तुम मेरे पास रहना ।।

सपना

उषा टिबड़ेवाल
(पता :- चेन्नई, तमिल नाडु)

मैंने देखा है एक सपना ,
दिल की दुनिया में ,
तेरा नाम अपना ,
चाहत है तेरे दिल को छू लूँ मैं,
जिंदगी में तेरे संग,
प्यार भर जी लूँ मैं ।

तू है तो छू लूगा आसमां,
मुट्ठी में भर तारे,
तेरे आँचल में भर दू मैं ।

तेरा साथ,
जैसे मिले पंख उड़ने को,
सच करूँ ,
तेरे सपने को मैं ।

प्यार में तूफान,
आती जाती हवा का नाम,
साथ तुम हो तो,
हिम्मत नहीं हारूँगा मैं ।

अब दूर नहीं मंजिल ,
हर वक्त अगर तुम साथ हो,
तो जीत की बाजी पाऊँगा मैं ।

आ जाओ उस राह पे,
जहाँ देखे है मैने,
तेरे साथ के सपने ,
होंगे पूरे मेरे सपने,
जहाँ साथ होगे तुम और मैं ।।

शब्द मेरे,विचार सबके

उषा टिबड़ेवाल
(पता :- चेन्नई, तमिल नाडु)

शब्द मेरे,विचार सबके समेट ,
अपने भावों की पुड़िया को,
शब्दकोश कर ,
मेरी कलम,पन्नों पर बारिश की
बूंदों-सा शब्दों को भिगाती है ,

शब्द मेरे,
किसी का इंतजार ,
तो किसी का इजहार ,
किसी का मिलना ,
तो किसी का बिछड़ना ,
कहीं बेबस को ,
जज़्बातों की डुबकी लगाते है ,

शब्द मेरे ,
मेरे साथी बन रोज पुकारते ,
वक्त,बेवक्त हर पल,साथ निभाते,
खामोशी में कुछ न कह ,
सबकी आपबीती लिख जाते हैं ,

शब्द मेरे ,
विचार सबके पढ़ ,
एक इतिहास लिख जाते हैं ,
क्या रिश्ता है मेरा ,
कोई ना होकर,
मेरे साथी बन विकारों की,
कहानी लिखते हैं ,

शब्द मेरे ,
सबके विचार के मन,
भावनात्मक दास्तान लिखते ,
इनके बिना मैं अधूरी ,
विचार सबके लिख,
आज मैं खुद-ब-खुद सम्पूर्ण लगती हूँ ।।

दिल की बात

उषा टिबड़ेवाल
(पता :- चेन्नई, तमिल नाडु)

आज तुम को बताए ,
मेरे दिल की बात ,
मेरी ज़िन्दगी में तुम वो हो राज ,
एक अनछुआ सा एहसास का हो साज ,
जिसे मैं किसी को बता नहीं सकती ,
चाह कर भी,दुनिया में जता नहीं सकती ,
तेरी तस्वीर को देखती छिप कर चुपके से ,
मगर सामने किसी से बयान नहीं सकती ,
ख़ामोश है होंठ,
पर नाम तेरा गुनगुनाता रहता ,
जुबान पर,हकीकत जता नहीं सकती ,
ख़यालों में रहते हो तुम,
दिन रात मेरे,
मेरी प्यार की हद ,
किसी को दिखा नहीं सकती ,
प्यार हैं बेइंतहा तुम्हे मगर ,
तुझ से मिलने आ नहीं सकती ,
तेरा ज़िक्र करू हवा , घटाओ से ,
सवाल किसी मौसम से कर नहीं सकती ,
ये कैसा इश्क का रिवाज,
जो मेरा होते हुए भी ,
तुझे अपना समझ अपना नहीं सकती ।।

मेरा नाम तेरे दिल में... लिख देते हैं हम

उषा टिबड़ेवाल
(पता :- चेन्नई, तमिल नाडु)

तुझसे प्यार इतना काश मेरा नाम तेरे दिल में लिख देते हैं हम ,
फूलों की खुशबू जैसे मेरा प्यार का चमन भरा,
हवाओं की महक में मेरा प्यार के साथ तेरा नाम लिख देते हैं हम ,
गम छुपा जो मुस्कुरा चल देते हो तुम ,
तेरे सारे गम लेते हम ,
गम पूरा लेने का दावा तेरे दिल पर काश लिख देते हैं हम ,
हर एक हथेली की लकीरों में होती तकदीर ,
तेरे हाथों में मेरी लकीर नहीं अगर तो ,
पास बुलाकर मेरा नाम काश लिख देते हैं हम ,
दिल में मोहब्बत की रोशनी जला रखी है ,
एक बार तो मिल ,
वह रोशनी तेरे दिल में जगाने का दावा लिख देते हैं हम ,
तुम मिलो ना मिलो,
जिंदगी कितनी छोटी या बड़ी है ,
प्यार कुछ ना जानता ,
बची जो अब यह जिंदगी सिर्फ, तेरे नाम लिख देते हैं हम ।।

ज़िन्दगी में बन्दिशे

उषा टिबड़ेवाल
(पता :- चेन्नई, तमिल नाडु)

पल बित जायेंगे ,
वक्त भी गुजर जाएगा ,
बस यादों से भरा यह सफर रह जाएगा ,
कभी प्यार में तो ,
कभी दोस्ती के फर्ज में,
स्वतंत्र हो आज,
हर बन्दिशे तोड़ने को जी चाहता है ,
ना वह लोग होंगे ,
ना उनकी टोका टोकी वाली बातें ,
लम्हा गुजर जाएगा जो फिर कभी ना लौट आता ,
जिंदगी जीने की यह लम्हा में ,
सब बन्दिशे तोड़ आजादी के,
उस लम्हा में जीने को जी चाहता है ,
जिंदगी ने जब ली आजादी ,
तो प्यार ने जिंदगी की एक,
नई मोड़ ली और दोस्तों ने,
इस जिंदगी के हर मोड़,
साथ निभा जीना सिखाया,
हमने सीखा किसी भी रिश्ते में,
ना हों बन्दिशे, ना रोक-टोक तो मन हो स्वतंत्र,
तो रिश्ते निभाने नहीं पड़ते ,
वह अपने आप ही निभाते जाते हैं ,
जैसे समुद्र की लहरों का आना ,
सूरज का उगना ,
अंधेरी रात में चांद का आना ,
ऐसा ही स्वतंत्र बन ,
मेरा सितारा जिंदगी के,
आसमान में चमकना चाहता है ।।

दिल की डायरी

उषा टिबड़ेवाल
(पता :- चेन्नई, तमिल नाडु)

दिल की डायरी ,
कहती है सच ,
समझ मन के भाव ,
पैन बन लिखती है सच ,
कहती है ,
फ़ुर्सत का एक दिन तुम अपने लिए लाना ,
पास बैठ खुद से तुम ,
खुद बतियना ,
कितनी चैन की साँस भरी तुमने गिनना ,
कितनी दफा सच मुस्कुराए , मुझे बताना ,
जी भरकर ठहाके ,
जरूर लगाए होगे ,
पर अपने चेहरे की हर शिकन को देख ,
क्यों हो इतने परेशान ?
खुद से पूछना ?
अपने दिल और रूह को छूना ,
किस बात की घबराहट है समझना ,
अपने दिल का हाल जानना,
अपने मस्तिष्क से बातें करना ,
आँखें बंद कर खुद सोचना ,
उगते सूरज की किरण बटोरना ,
खिली है कितनी धूप गिनना ,
भोर में कैसे कलियाँ खिलती हैं देखना ,
हवा में कितनी ताज़गी है ,
महसूस करना ,
कैसे फूल झूमते हुए खुशबू देते ?
ढलते सूरज को निहारना ,
जागते तारों की गिनती करना ,
थोड़ी-बहुत चाँदनी दिल घर ले आना ,
अपने जीवन का कुछ पल , रोज खुद को देना ,
दिल की डायरी पढ़ना ,
जब तुम जानोगे,
सच में जिंदगी को ,
तुमसे क्या है कहना ।।

हर्षोल्लास की संक्रांति

उषा टिबड़ेवाल
(पता :- चेन्नई, तमिल नाडु)

पहाड़ों के पीछे से,
आज निकलते सूरज ने ली अँगड़ाई,
अँधेरे की चादर,
रोशनी ने धीरे-धीरे है हटाई ,
सूरज की पहली किरण, उषा ने यह आवाज लगाई ,
देखो,आज मकर संक्रांति,
खूब धूमधाम से नई राशि के साथ आई ,
किसी के हाथ पतंग डोर , माझा, चटाई,
तो किसी ने तिल, गुड़,मूंगफली,रेवड़ी से,
पूजा मंगल के साथ,दान कर पुण्य कमाए ,
मैं डोर, तू पतंग,आ प्यार की डोर से बंधें,
किसी के काटे से ना कटें
अटूट रिश्ता का अपना माझा ,
प्रीतम ने यह आवाज लगाई ,
प्यार का माझा ओर ढीला करा ,
जो प्यार की पतंग और ऊँचाई पर उड़ती जाई ,
मैं गुड़-सी मीठी डली,
तू तिल बन मुझ में मिल, दोनों घुलमिल एक हों,
मीठे-मीठे प्यार के त्यौहार के मंगल गीत गाएं,
प्रिया ने भी आवाज लगाई ,
सात जन्मों की सात रंगों की पतंगे बना आसमान में,
इंद्रधनुष फैलाएं,उम्मीदों की डोर से ऊपर प्यार पतंग उड़ी ,
दुख दर्द के बादल हटाए,
किसानों की फसल आज कटी ,
किसानों के घर आई लक्ष्मी ओर जैसे हुई दिवाली ,
खुशी के दीए जला ,
आंगन में हर्षोल्लास के पटाखे छुड़ाए ,
जाती मीठी मीठी ठंड के मौसम ले चला अब अंगड़ाई ,
नई ऋतु देखो पवन का एक नया संदेशा ले आई ,
बसंत ऋतु पीली सरसों की खुशबू लेकर आ रही ,
और कर लो पूजा की तैयारी
सरस्वती माँ हंस पर बैठकर अब सबके घर घर आएगी ।।

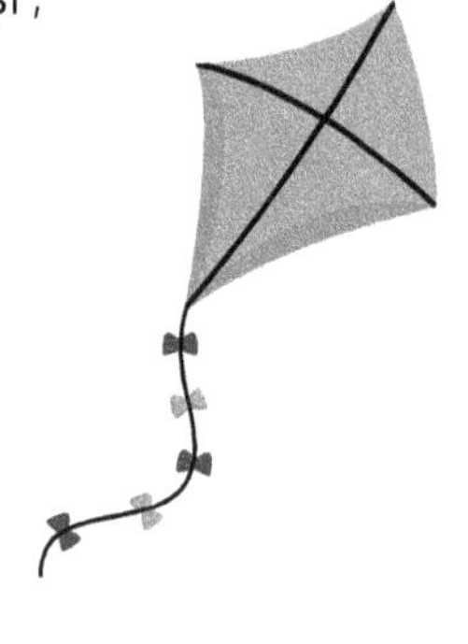

हर बदलते मौसम में तेरी याद

उषा टिबड़ेवाल
(पता :- चेन्नई, तमिल नाडु)

हर बदलते मौसम में तेरी याद आती है ,
ठंड में मेरे मन के कोहरा पर ,
तेरी याद,ओंस जैसे
झरने लगती है ,
काँपने लगता है जिस्म मेरा ,
दिल में कुछ हरारत सी होने लगती है ,
गिरते हैं जब मेरे गर्म आँसू ,
गाल कुछ सहरा दे, समझाने लगते है ,
सुनों ! ना, तेरी यादें ,
हर बदलते मौसम में आ जाती हैं ,
तू याद न आ,
हवा के साथ बस तुम आ जाया करो,
तेरे न होने से चारों तरफ जिंदगी में,
धुंध ही धुंध दिखती है,
धुंधली सी तेरी तस्वीर,
आँखो में उभरती सी दिखती है,
आँखो में,बस
मेरी नज़रें,तेरे दीदार
को तरसती हैं,
जब आती है तेरी यादे,
दिल बैचेन हो जाता है,,
जब तुम पास नहीं होते,
खामोशियां का सिलसिला टूट,
दिल तार तार हो टूट जाता है,
सुनो,सनम मेरे,एक बात मेरी भी,जिद मेरी,
गुज़ारिश मेरी,इस बार बदलते मौसम के साथ,
मिलन की हो खुशियाँ मेरी,बस तुम्हे आना है जरूर ।।

माँ

नीता रानी साहू
(पता :- महासमुंद,
छत्तीसगढ़)

माँ के बगल में बैठकर, लिखा करती थी।
जो लिखती,उसे सुनाया करती थी ।
माँ है मेरी अनपढ़ !
शब्दों का ज्ञान नहीं है उसको ,
लेकिन भावों को समझ लेती थी ,
उसे समझ कर मुझको समझाया करती थी ।
कविता की पंक्तियों को सुन खुश हो जाया करती थी।
लिखती रहना ऐसे ही मुझको कहा करती थी ।
विवाह हुआ जब से मेरा,
उसकी याद सताया करती है
माँ के वह सारे शब्द, मुझको रुलाया करती है।
कागज कलम छूट गया इन हाथों से ।
टूट गया नाता माँ की उन बातों से।
वैवाहिक जिम्मेदारियों ने मुझको ऐसा घेरा ,
अक्षर ,शब्द और वाक्य से टूटा संबंध मेरा।
मन में विचार आकर चले से जाते हैं ।
पंक्तियाँ बनते-बनते अधूरी से रह जाती हैं ।
आज फिर से माँ तेरा स्मरण हो आया ,
मन में फिर से विचारों का आवरण है छाया ।
लिखने बैठी हूँ फिर से कविताएँ अनेक,
समर्पित है तुझको मेरी कविता हर-एक ।
लिखने की ,बढ़ने की, प्रेरणा तुझसे ही पाया ।
अपने पैरों पर खड़े होना तूने ही सिखलाया ।
ससुराल में हर-पल याद करती हूँ तुझको,
तू ही मिले माँ हर जनम में मुझको।।

कैसे भूला दूँ मैं

डॉ० जोगेन्द्र "जोगी"
(पता :- चण्डीगढ़)

तेरी याद को कैसे मिटा दूँ मैं ।
तेरे प्यार को कैसे भूला दूँ मैं ।।

एक बार आ के देख तेरे जाने का गम ।
दो लफ़्ज़ो के सहारे कैसे बता दूँ मैं ।।

चाह कर भी ना रोक सका तेरी राहों को ।
इस बात की खुद को कैसे सजा दूँ मैं ।।

सोचता हूँ खुद को मिटाने की मगर ।
जिस दिल में हो तुम उसे कैसे मिटा दूँ मैं ।।

देखता हूँ जब तेरे सिवा कुछ ना दिखे ।
तेरी तस्वीर को जहन से कैसे हटा दूँ मैं ।।

मिटा देता गर दिवार पर लिखा होता पर ।
लिखा है सब दिल पे बता कैसे मिटा दूँ मैं ।।

अगर होते बांहों मे बातें ख़त्म ना होती ।
अब दिल की बेकरारी को कैसे बता दूँ मैं ।।

सितारों से पूछना तेरी जुदाई की रातें
साहिल ने गुजारी गिन-गिन के तुझे कैसे गिना दूँ मैं ।।

गुरू

मंजू रहेजा
(पता :- करनाल, हरियाणा)

अ" अनपढ़ से मुझे ज्ञ" ज्ञानी बनाया,
हर राह में दीपक से रास्ता दिखाया,
वह गुरु ही है।

कोरे काग़ज़ थे हम,
उस पर ज्ञान के अमिट लेख लिखाए,
वह गुरु ही है।

आज मैं चन्द्रमा तक पहुँच गया,
पहली सीढ़ी पर जिसने चढ़ाया,
वह गुरु ही है।

कभी डाँट कर कभी प्यार से,
हर पथ पर जिससे चलना सिखाया,
वह गुरु ही है।

मिट्टी से घड़ा बनाया कुम्हार की तरह,
सुखाया, ठोका, बजाया लोहार की तरह,
वह गुरु ही है।

प्रभू ने ख़ुश होकर,
जिसको गुरू की काया में ढाला,
वह गुरु ही है।

डॉ० सर्वपल्ली राधाकृष्णन

अनिल ओझा
(पता :- इंदौर, मध्य प्रदेश)

पाँच सितंबर को भारत में,
जन्मे थे राधाकृष्णन।
सौंप दिया निज जन्म दिवस,
करने को शिक्षक अभिनंदन।।

थे द्वितीय पर अद्वितीय थे,
राष्ट्रपति वे भारत के।
थे सुदृढ़ आधार देश की,
शिक्षा रूपी इमारत के।।

आंध्रा के नैल्लोर जिले में,
पूर्वज इनके रहते थे।
"सर्वपल्ली" था नाम गाँव का,
सुख-दुःख संग में सहते थे।।

संकट रोजगार का आया,
किया पलायन परिजन ने।
चैन्नई के पास तिरुतनी में,
बस गए नए निकेतन में।।

याद सदा पैतृक गाँव की,
बनी रहे थी ये मंशा।
नाम से पहले सर्वपल्ली,
लिखने की मानी अनुशंसा।।

राधाकृष्णन यों कहलाए,
सर्वपल्ली राधाकृष्णन।
इसी नाम से जाने जाते,
हैं शिक्षा के ये कुंदन।।

दक्षिण भारत की पगड़ी संग,
धारें सदा श्वेत परिधान।
इस भूषा में पाई आपने,
सकल विश्व में निज पहचान।।

गहन अध्ययन कर के पाया,
धर्मग्रंथ,दर्शन का ज्ञान।
व्याख्यानों से जग में दिलाया,
भारतीय दर्शन को मान।।

थे आदर्श वीर सावरकर,
और विवेकानंद महान।
भारतीय होने का पाया,
उनके जीवन से अभिमान।।

था ऐसा व्यक्तित्व आपका,
किया देश ने गौरव-गान।
हुए विभूषित सन चौपन में,
"भारत-रत्न" मिला सम्मान।।

प्राध्यापक,कुलपति,राजदूत,
राष्ट्रपति का पद पाया।
माना सदा स्वयं को शिक्षक,
शिक्षक का ही पद भाया।।

पुंज प्रेरणा का मानेगा,
सदा देश का शिक्षक वृंद।
नव पीढ़ी में करें प्रसारण,
नित शिक्षा का नव मकरंद।।

संदेश-वाहक

अनिल ओझा
(पता :- इंदौर, मध्य प्रदेश)

सुख-दुख,प्रेम-प्यार की खबरें,
गंतव्य तक जो पहुँचाता।
दूत,डाकिया,हरकारा या,
संदेश वाहक कहलाता।।

बाँध चिट्ठियाँ पाँव,गले में,
दक्ष कपोत उड़ाते थे।
अल्प समय में वे संदेशा,
मंजिल तक पहुँचाते थे।।

झोला काँधे पर लटकाए,
खाकी वर्दी में आता।
पत्र,पार्सल,मनीआर्डर सब,
संग डाकिया खुद लाता।।

ट्रिन-ट्रिन करती साइकिल आती,
सबके मन को भाती थी।
कहीं खुशी तो कहीं गमों के,
संदेशे दे जाती थी।।

नई-नई तकनीक चली तो,
टेलीफोन का चलन चला।
अब हर मुट्ठी में मोबाइल,
उनको पूछे कौन भला?

लिख कर के संदेशा भेजो,
चाहो तो खुद बात करो।
अम्मुख-सम्मुख जब होना हो,
सहज वीडियो कॉल करो।।

आया हाथों में मोबाइल,
चिट्ठी-पत्री कौन लिखे?
जब संदेशा पाने वाला,
सम्मुख हमको स्वयं दिखे।।

बहुपयोगी हुआ मोबाइल,
कथन ऑडियो से भेजो।
शूट करो फोटो या घटना,
वीडियो से सम्मुख भेजो।।

अब बचाना है जरूरी

कुन्दन केशरी
(पता :- झाझा, जमुई, बिहार)

कर्ज धरती माता का तो, अब चुकाना है जरूरी।
अपनी इस पावन धरा को, अब बचाना है जरूरी।।

भरे हुए हों पेड़ हर तरफ, हो हर तरफ हरियाली।
फूलों से महकी हो धरती, फलों से लदी हो डाली।
कितना मोहक दृश्य होगा, होगा कितना सुंदर भाव।
बहेगी शीतल हवा तब, होगी सुकून भरी छाँव।

पेड़ों को क्यों काटते हो, है क्या ऐसी मजबूरी?
अपनी इस पावन धरा को, अब बचाना है जरूरी।।

वायु को तो स्वच्छ रखो, जरूरी है वायु हर पल।
साफ रहेगी जब वायु, तब बचेगा तेरा कल।
फैक्ट्रियों के धुएँ ने, हर ओर फैलाया अंधकार।
अपनी धरती माता इसको, सहन करेंगी किस प्रकार?

'गर वायु प्रदूषण रोका, तब बचेगी साँसे पूरी।
अपनी इस पावन धरा को, अब बचाना है जरूरी।।

कितनी सुन्दर नदियाँ लगती, और बहती है कल-कल।
जन-जन की ये प्यास बुझाती, देती है ये निर्मल जल।
छोड़ा जल को भी नहीं है, जो बुझाती प्यास हमारी।
है चिंतन का विषय ये, क्या है ऐसी लाचारी?

जल की बर्बाद को रोको, जल बिना जिंदगी अधूरी।
अपनी इस पावन धरा को, अब बचाना है जरूरी।।

हिंदी हूँ मैं हिंदी हूँ

कुमार सतीश
(पता :- हिसार, हरियाणा)

हिंदी हूँ मैं हिंदी हूँ,
सबकी प्यारी हिंदी हूँ ।
मीठी बोली हिंदी हूँ,
देश की भाषा हिंदी हूँ ।।

पूर्व से लेकर पश्चिम तक,
उत्तर से लेकर दक्षिण तक,
एक देश एक भाषा हूँ,
हिंदी हूँ मैं हिंदी हूँ ।।

राजकाज की भाषा मैं,
बातचीत की भाषा मैं,
पहाड़ से लेकर समुद्र तक,
हिंदी हूँ मैं हिंदी हूँ ।।

गली-मोहल्ला,नुक्कड़ पर,
गाँव-गाँव से शहर-शहर,
घूमी हूँ मैं जी भरकर,
हिंदी हूँ मैं हिंदी हूँ ।।

दुनिया के गलियारे में,
चीन से लेकर रूस तक,
कद्र सभी ने मानी है,
हिंदी हूँ मैं हिंदी हूँ ।।

कनाडा से वॉशिंगटन तक,
और यू.एन.ओ.के मंच तक,
लहरा के परचम आई हूँ,
हिंदी हूँ मैं हिंदी हूँ ।।

सपना देश का पूरा करने,
निकली हूँ मैं दुनियाभर में,
हार नहीं मानूंगी,
हिंदी हूँ मैं हिंदी हूँ ।।

यात्रा अभी अधूरी है,
सरहदों की कुछ दूरी है,
विश्व में लहराऊँगी,
हिंदी हूँ मैं हिंदी हूँ ।।

बधाई

कुमार सतीश
(पता :- हिसार, हरियाणा)

इस जहां की हर खुशी, मुबारक हो तुझे।
चाँद-तारों-सी शीतलता, मुबारक हो तुझे।
हर खुशी रोशन इस जहां की तेरे लिए,
मचल जाये जुगनुओं की भीड़ तेरे लिए,
मुड़ जाये हवा का रुख,तू चले जिस ओर।
तरसती रहे मंजिल सदा तेरे लिए हर ओर,
पूरी हो हर तमन्ना, बाधाएं तुझे रोक ना पाएं।
रहे ना अधूरा ख्वाब कोई, यही हैं मेरी दुआएं।
जाए ना तेरा कोई साल खुशियों बिन,
...... मुबारक हो तुझे हर बार जन्मदिन।।

जन्नत

कुमार सतीश
(पता :- हिसार, हरियाणा)

आपने कहीं जन्नत को देखा है ?
देखा है कभी.......?
पहाड़ों को सफेद कंबल ओढ़े ?
गुमसुम-गुमसुम, गुपचुप-गुपचुप,
सहमे तरुओं को झरते ?
परिंदे प्रवासी हो गए हों जैसे,
पेड़ अकेले हो गए हों जैसे ?
झर रहे हैं या....
रो रहे हैं.....
जुदाई में परिंदों की ?
देखा है आपने कभी,
बादलों के बीच हवा को,
मुस्कुराते फूलों को,
हाथ-हिलाते पौधों को,
चहक रहे हों जैसे...!
बादलों के पार जाना ?
तैर जाना अनंत में...
बादलों के साथ-साथ ।
आपने देखा है ......?
सूरज को भागते...,
ठिठुरन से घन की....,
करते लुकाछिपी धुंध से ?
छोटे-छोटे बच्चे...
उठा बड़ा बस्ता कंधों पर,
नदी-नालों को पार करते,
भयानक पत्थरों का....
दंभ तोड़ते !
सर्पिलाकार पगडंडियों को हरा,
पढ़ने आ जाते हैं
स्कूल,सुबह-सवेरे..
तो उनके नन्हें कदमों से,
धरती मुस्कुराती है,
आसमान खिलखिलाता है,
और क्या है जन्नत ?
शायद यही तो है...
जहाँ अभावों में भी,
जिन्दगी मुस्कुराती है,
पहाड़ खिलखिलाते हैं।।

नहीं भूले हम

कुमार सतीश
(पता :- हिसार, हरियाणा)

बचपन की वो यादें,
सावन के वो झूले,
जोहड़ के किनारे,
नीम की वो डाली,
रिमझिम फुहारें,
और............
तीज का आना।
नहीं भूले हम,
गुलगुलों के पकवान,
ऊँची-ऊँची पींगे,
वो लंगर चढाना,
लड़कियों का अल्हड़पन,
वो सासु का नाक तोड़ लाना,
नहीं भूले हम,
बचपन की वो यादें,
और..........
तीज का आना..
नहीं भूले हम..,
नहीं भूले हम..
वो.........
तीज का आना।।

युवा बेरोजगार है

चन्दन केशरी
(पता :- झाझा, जमुई, बिहार)

गिने-चुने पदों की खातिर, लंबी लगी कतार है।
अनगिन डिग्री लिए हुए, युवा बेरोजगार है।।

रात-रातभर पढ़ता है, जाने कब वो सोता है।
न जाने कितने-कितने, सपने वो संजोता है।
हुए कोरे पन्ने काले, पर मेहनत बेकार है।
अनगिन डिग्री लिए हुए, युवा बेरोजगार है।।

सालों-सालों भी पढ़कर, नौकरी न पाते हैं।
बंद कमरे के सपने, सपने बस रह जाते हैं।
देश का भविष्य जो, वही रहता लाचार है।
अनगिन डिग्री लिए हुए, युवा बेरोजगार है।।

बेटा खूब करे तरक्की, उस माई की आस है।
नैया पार लगाएगा ये, बापू को विश्वास है।
उस माई के जेवर गिरवी, बापू कर्जदार है।
अनगिन डिग्री लिए हुए, युवा बेरोजगार है।।

उनके दिल में दर्द जो, दर्द उनका जाने कौन?
होगा जीवन-यापन कैसे, प्रश्न पर सभी हैं मौन!
डिग्री कोई काम न आए, तो डिग्री कबाड़ है।
अनगिन डिग्री लिए हुए, युवा बेरोजगार है।।

सारे कितनी आसानी से, कहते वो नकारा है।
स्वयं से नहीं कभी पर, दुनिया से वो हारा है।
दिल में पहले सपने थे, अब तो अंधकार है।
अनगिन डिग्री लिए हुए, युवा बेरोजगार है।।

साथ उनका देने आगे, कोई यदि न आएगा।
हर शिक्षित युवा स्वयं, तब आवाज़ उठाएगा।
शंखनाद करने से ही, मिलता अब अधिकार है।
अनगिन डिग्री लिए हुए, युवा बेरोजगार है।।

धन्यवाद

www.ingramcontent.com/pod-product-compliance
Lightning Source LLC
LaVergne TN
LVHW021138160826
845679LV00023B/1948